선생님 마음에
위로와 용기를 주는 명화와 글 365

교사
긍정일력

글 김성환 ✳ 큐레이션 이지안

다블북

선생님 마음에 위로와 용기를 주는 명화와 글 365
교사긍정일력

초판 1쇄 인쇄 2023년 12월 18일
초판 2쇄 발행 2024년 10월 15일

글 김성환
명화 큐레이션 이지안
펴낸이 하인숙

기획총괄 김현종
책임편집 백상웅
디자인 STUDIO BEAR

펴낸곳 더블북
출판등록 2009년 4월 13일 제2022-000052호
주소 서울시 양천구 목동서로 77 현대월드타워 1713호
전화 02-2061-0765 팩스 02-2061-0766
블로그 https://blog.naver.com/doublebook
인스타그램 @doublebook_pub
포스트 post.naver.com/doublebook
페이스북 www.facebook.com/doublebook1
이메일 doublebook@naver.com

© 김성환, 2023
ISBN 979-11-93153-14-7 (00370)

아무도 없는 교실 문을 열고 책상 앞에 앉아 계신 선생님, 오늘 아침에도 당신에게 첫 인사가 되어 기쁩니다.

1년 365일이 항상 기뻤으면 좋겠지만, 일이 언제나 뜻대로 풀리지는 않지요. 사는 게 참 그래요. 봄, 여름, 가을, 겨울. 계절처럼 감정의 온도가 달라지고, 그 온도를 대하는 우리의 태도도 매번 달라지니까요.

기쁜 날도 있고, 더러는 슬픈 날도 있다는 사실을 어른이 된 지금은 알고 있는데, 막상 일이 안 풀릴 때는 딱 그 좋지 않은 감정만 보여서 다른 모습을 많이 놓치며 살게 되지요.

봄날에는 벚꽃 피고 지는 것도 지나치고, 여름날에는 뜨거운 햇살 아래 그늘도 지나치고, 가을에는 마른 잎사귀가 떨어지는 것도 지나치고, 겨울에는 어느 따뜻한 사람의 마음도 지나치고요.

저는 선생님이 그러지 않았으면 좋겠습니다. 매일 바뀌는 감정을 원하는 방향으로 끌고가기는 어려울 거예요. 그게 쉽다면 인생은 지금보다 더 풍족했겠지만, 어렵기 때문에 목표라는 게 생기고, 계획이라는 게

생기고 또 사람과 사랑이 생겨나지요.

365개의 글과 명화를 준비했어요. 왠지 모르게 어려운 날, 힘을 주는 글과 그림들. 세상에 내 편이 아무도 없을 것 같은 날, 내 편이 되어주는 글과 그림들.

명화를 펼치면 마음에 힘이 생겨요. 오랜 시간 유행을 넘어 사람들에게 마음의 위로와 힘을 주었기에 명화라고 부르지요. 다양한 교육 트렌드 속에서도 묵묵하게 아이들 곁에 서 있는 선생님을 닮았습니다.

글은 위로만 하지 않아요. 때로는 가벼운 농담을, 때론 위로를, 때로는 선생님을 위한 지혜를 전합니다. 이 글을 읽고 하루를 조금이라도 긍정적으로 시작하면 좋겠습니다.

이 일력은 만년 일력입니다. 내년에도 내 후년에도 선생님 책상을 지킬 수 있어요. 올해 본 글과 명화를 내년에 볼 때는 보다 기쁜 날이었으면 좋겠습니다. 지금 기쁘다면, 내년에는 더 기뻤으면 좋겠습니다.

무엇보다 선생님, 선생님이 그 자리에 계시는 것만으로도 참 고맙습니다. 이 말을 하기 위해서 365일이 필요했습니다.

김성환

명화 큐레이션 도슨트 이지안

미술치료사이자 전시해설가이다. 미술관에서는 미술해설로, 병원에서는 미술치료를 통해 그림으로 소통하며 위안을 전한다. CHA의과대 미술치료대학원 임상미술치료를 전공, 분당서울대병원 '치유의 그림산책'과 세종문화회관 미술심리강의 '치유의 미술관' 그 외 교육청, 학교와 임상현장에서 미술로 마음을 치유한다.

예술의 전당, 코엑스TV, 교보문고, 롯데 넥스트뮤지엄 경력과 현재 마이아트뮤지엄 공식 도슨트로 '피카소와 20세기 거장들'에 이어 '일리야 밀스타인'전을 해설하고 있으며, 서울옥션 블루 칼럼니스트로 미술전시를 전문적으로 소개하고 있다.

이번 365점의 명화 큐레이션은 '명화감상 미술치료'와 '사회적 미술처방'의 확장으로 선생님들을 위한 마음을 담아 진행했다. 사계절과 365일의 일상 그리고 다채로운 감정의 색을 반영한 그림은 일상에서 경험하는 모든 마음에 공감하며 위로와 휴식, 회복의 시간을 선물한다.

지은이 김성환

'지금 여기에서 내 삶은 내가 선택한다.'

삶을 선택하는 첫 시작은 어떤 생각을 하느냐에 달렸고, 긍정적인 생각은 사람을 건강하게 하고, 세상에 반응하지 않고 즐기게 만든다고 믿는 20년차 작가이자 교사다.

『학급긍정훈육법』, '긍정의 훈육' 시리즈, 『격려 수업』을 비롯한 '격려상담' 시리즈를 번역했다. 저자인 제인 넬슨과 린롯을 만나 공부하고 대한민국에 소개했다.

'나쁜 아이는 없다. 나쁜 환경에 있거나 나쁜 선택을 할 뿐이다.'라는 관점으로 아이들을 바라보려 애쓰고 있다. 때론 따뜻한 상담으로, 때론 단호함으로 교실과 아이들 그리고 스스로의 변화를 꿈꾸고 있다.

현재 양평초등학교에 근무하며, 한국긍정훈육협회 이사로 활동하고 있다.

번역서로는 『학급긍정훈육법』『긍정의 훈육 청소년편』『학급긍정훈육법 특수교육편』『학급긍정훈육법 활동편』『격려수업』 『격려수업 워크북』『마담 도라 카드』가 있고 저서로는 『빛을 찾아 떠나는 별난 이야기』『교육을 가로막는 벽』『감격해 카드』 등이 있다.

홈페이지 pd-korea.net

31 December

무사히 여기까지 왔습니다.
우리, 무사히 내일까지 가봐요.

진드리치 슈티르스키Jindrich Styrsky,
내 일기에서, 1933년

오늘의
단어

시작

끝의 다른 이름.

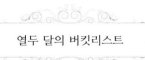

열두 달의 버킷리스트

못하면 어때요. 1월의 버킷리스트를 이루지 못하면, 내년 1월에 다시 시도해봐요. 내 후년도 있잖아요. 이 일력은 만년 일력이에요. 오랜 시간 곁에 두세요. 천천히 천천히 열두 개의 버킷리스트를 이뤄봐요. 그러는 동안, 때로는 기쁘고 때로는 막막한 날도 있겠지요. 그런 날, 일력에 담긴 글과 명화로 아침을 열어보세요. 어쩌면 좋은 일이 생길지도 몰라요.

1 January _____

2 February _____

3 March _____

4 April _____

5 May _____

6 June _____

7 July _____

8 August _____

9 September _____

10 October _____

11 November _____

12 December _____

30 December

매일 아침,

"나는 자신감 넘치고 강한 사람이다."라고 말하는 것만으로도

긍정적인 사람이 될 수 있습니다.

정말 그렇게 돼요.

오늘의
단어

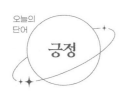

긍정

인생을 살 때 반드시 필요한 기본 도구.
이것이 필요하지 않는 일은 없다.

1 JANUARY

1월 1일의 전 날은 12월 31일입니다.
마지막은 그렇게 시작과 이어집니다.

✿ 이반 시시킨Ivan Shishkin, 겨울, 1890년

29 December

선생님이 있기에 어제도 오늘도 내일도
학교가 존재합니다.
선생님이 있기에 올해도, 내년에도
아이들이 학교에서 배웁니다.

오늘의
단어

선생님

이 세상에 둘도 아닌, 오직 당신이라는 존재.

1 January

힘든 순간이 와서 마음이 흔들릴 때도,

또다시 그곳으로 뚜벅뚜벅 걸어가야 하는 순간이 있습니다.

우리는 그것을 용기라고 부릅니다.

'괜찮아, 잘될 거야.'

그렇게 마음먹는 게 힘들겠지만, 생각해봐요.

오늘은 1월 1일,

대책 없이 마음먹어도 괜찮은 하루예요.

오늘의
단어

자기격려

내가 나에게 건네는
따뜻하고 힘 있는 목소리.

28 December

이반 이바노비치 슈시킨Ivan Ivanovich_Shishkin,
바위가 많은 풍경, 1889년

감동은 무언가를 잘해서 느끼는 것이 아닙니다.
그저 모든 순간을 함께 마무리한 것이죠.
오늘은 퇴근 전 마음을 담아
동료교사에게 이야기해주세요.
"선생님 고생 많으셨어요.
그리고 고맙습니다."

오늘의
단어

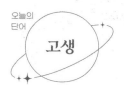

고생

다시는 이것을 하고 싶지 않아도
매일 겪게 되는 이것은
때로는 인생의 무기.

2 January

인간의 삶은 유전과 양육이라는 두 가지에 영향을 받아요.

그러나 두 가지보다 더 중요한 게 있어요.

이 순간 어떻게 살아갈지를

스스로 결정하는 능력입니다.

결정 후에 결과가 안 좋을 수도 있어요.

하지만 기억하세요.

이 세상에 틀린 선택은 없다는 사실을요.

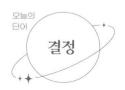

오늘의
단어

결정

선택과 결정의 순간들이 모여
인생이 만들어진다.

27 December

오늘은
아이들의 얼굴을 떠올려볼까요?
아이들의 그 무한한 가능성이 있는
얼굴에서 용기를 얻어보세요.

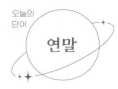

오늘의
단어

연말

추운데
이상하게도 따뜻한 날들.

3 January

사는 거, 무척 어렵죠.

망망대해를 헤엄치는 것 같아요.

삶과 수영이 닮은 점이 있어요.

아무리 힘들어도 멈추는 순간 가라앉는다는 사실이에요.

이 세상에 나만 멈춰 있는 것 같나요?

아무도 눈치채지 못해도 괜찮아요.

오늘 하루도 분명히 조금은 앞으로 나갔을 것입니다.

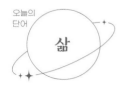

오늘의
단어

삶

나아가지 않은 삶은
가라앉습니다.

조지 프레데릭 와츠George Frederic Watts,
희망, 1886년

26 December

올 한 해 입은 상처가 있다면
그 상처를 치유하는 시간을 가져보세요.
다가오는 새해에 그 상처가 덧나지 않게요.
친구들과 대화를 나눠도 좋고,
여행을 가도 좋겠네요.

오늘의
단어

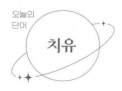

치유

그냥 그대로 둔다고
사라지지 않는 마음의 상처,
가만히 바라보기.

일이 바쁘고 정신이 없을 때,

아이들이 난감한 부탁을 할 때가 있죠.

때로는 정중하게 거절하세요.

보다 건강한 나를 위해 말예요.

나를 먼저 사랑해야 아이들도 사랑할 수 있습니다.

오늘의
단어

거절

거절은 부정이 아닙니다.
나를 위한 선물입니다.

25 December

추운 계절이 가장 마음이 따뜻한 때라는 사실이 신기하지요.

그 마음의 온도를 기억하세요.

마음이 매섭게 시린 날, 꺼내볼 수 있게요.

오늘의 단어

휴일

어젯밤이 가장 기쁘고, 오늘밤이 가장 슬픈 시간.

5

January

모든 인간에게는
세 가지 과제가 있습니다.
일, 우정, 사랑.
학생을 가르치는 것은
'일'이 아닌 '우정'이에요.

오늘의
단어

지식

머리는 지식을 가르치지만,
마음은 인생을 바꾼다.

24 December

크리스마스이브, 가족과 함께 보내고 계시나요?
아니면 사랑하는 사람과 함께 보내고 계시나요?
선생님이 웃고 있어서 다행입니다.

오늘의
단어

가족

당신의 편.

6 January

아서 존 엘슬리Arthur John Elsley,
새로운 매종!

'칭찬'은 잘하는 고래만 춤추게 만듭니다.
그러나 '격려'는
모두를 연결하고 모두에게 용기를 줍니다.
동료 선생님을 만나면,
웃으면서 말해봐요.
"선생님, 오늘도 힘내세요!"

오늘의
단어

격려

식물에게 물이 필요하듯,
사람에게는 격려가 필요하다.

23 December

플로린 스테트하이머Florine Stettheimer,
칼 반 벡튼, 1922년

올 한 해, 아이들을 가르치면서
거꾸로 배우고, 영감을 얻은 적이 있나요?
그게 어쩌면 교육자의 가장 큰 장점입니다.
아이들처럼 깨끗한 생각으로 젊게 살아갈 수 있으니까요.

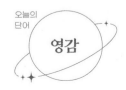

오늘의
단어

영감

불현듯 떠오르는 인생의 실마리,
여유가 없다면 순식간에 지나가버리는 그 생각들.

7 January

내 삶의 주인으로 살아가는 방법요?

다음과 같은 질문을 스스로에게 던지면 돼요.

"내 행동이 사람들에게 어떤 영향을 미칠까?"

그 답을 찾아가는 동안,

삶에 적극적으로 다가갈 수 있어요.

오늘의
단어

시선

내가 내 모습을 들여다보는 것도
시선이다.

22 December

에드가 드가Edgar degas,
초록 옷을 입은 무용수들, 1879년

당신은 교육 전문가입니다.

당신은 한 해 동안 열심히 아이들을 가르쳤습니다.

당신은 그래서 누구보다 위대한 사람입니다.

우리는 이 사람을 선생님이라고 부릅니다.

오늘의
단어

전문가

실패에 능숙한 사람은
그 감정을 이기는 것도 능숙하다.

8 January

존 슬론John Sloan,
웨스트 23번가 옥상에서 바라본 석양, 1906년

아이들은 학교생활할 때 남보다 크고,
잘하고 싶은 욕구가 있어요.
키를 잴 때도, 공부할 때도, 청소할 때도.
어떤 아이는 다른 친구를 깎아내려
스스로를 높이려 하고,
어떤 아이는 스스로 노력하며 성장합니다.
교사는 아이가 자기완성을 하는 과정을 돕고
용기를 줍니다.

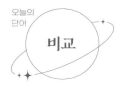

오늘의 단어

비교

어제의 나와
오늘의 나를 나란히 두면,
비슷해 보이지만
조금은 큰 쪽이 있다.

21 December

장 베로Jean Béraud,
부자의 출근길, 1889년

겨울은 사랑을 확인하기 좋은 계절입니다.

한 사람을 떠올려보세요.

떠오르는 그 사람이

선생님에게 가장 따뜻한 사람입니다.

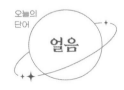

오늘의
단어

얼음

시리게 얼어붙은 마음을 녹이는 것은 당신이라는 온도.

9

January

장 베로Jean Béraud,
개선문, 샹젤리제 거리, 1882~1885년

인간은 모두 열등감을 가지고 있어요.

이 열등감은 성장을 방해하는 열등 콤플렉스가 되기도 하지만,

제대로 마음먹으면 성장의 밑거름이 됩니다.

자신의 부족한 점을 찾는 건 쉬워요.

그 부족한 점을 인정할 줄 아는 사람은

오래 주저앉는 법이 없습니다.

오늘의
단어

열등감

부러워하기만 하면
제자리에 맴돈다.

20 December

잠시 수첩을 꺼내,
방학 중 하고 싶은
버킷리스트 3개를 적어보세요.
긍정의 에너지가 솟아납니다.

피터르 브뤼헐pieter Brueghel de Oude,
어린이 게임, 1560년

오늘의
단어
버킷리스트

죽기 전에 해야 할 것이 아닌,
살기 위해서 해야 하는 일들.

알프레도 포엘Alfred Poell,
겨울 풍경, 1922년

학부모는 때때로 말합니다.

"집에서는 괜찮은데,

학교에 있을 때만 문제를 일으키죠?"

아마도 그런 아이는 집에서

매우 허용적인 환경에서 자라고 있겠지요.

선생님 편에 서서 이렇게 말하고 싶습니다.

"가정과 학교 중 한곳은 변화가 돼야겠네요.

가정이 책임감을 기르거나,

학교가 어리광을 받아주거나 말이지요."

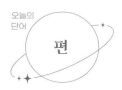

오늘의 단어

편

당장 보이지는 않아도,
선생님에게는 언제나 편이 있다.

최고의 사랑은 말로 표현하기에는 어렵지요.

행동으로 나타나기 때문입니다.

표현하지 않으면 아무도 사랑하고 있다는 사실을 몰라요.

알베르트 안커Albert Anker,
아침 식사를 하는 아이들, 1879년

오늘의
단어

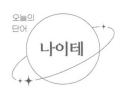

나이테

동심원을 그리며 서서히 퍼지고 있는
당신의 이것.

 **January**

학교가 해야 하는 일은
부모의 민원에 반응(react)하는 게 아닙니다.
아이가 마주친 어려움을 찾아내
부모의 잘못을 바로잡는(proact) 것입니다.

오늘의
단어

잘못

아이에게는 잘못이 없다.
나쁜 환경만 있을 뿐이다.

18 December

우리는 가끔 선생님이 하는 일, 행동 하나하나가
의미가 있다는 사실을 잊고 삽니다.
죄송합니다.
선생님이 있기 때문에 아이들이 성장하고 있습니다.

오늘의
단어
성장판

인생의 이것은 닫히는 법이 없다.
지금도 여전히 인생은 자라고 있다.

장 베로Jean Béraud,
불로뉴 숲 사이클의 오두막집, 1900년

아이의 지능지수를 부모에게 알리는 일은
대단히 위험합니다.
아이의 끝없는 가능성을
제한할 수 있기 때문이에요.
교사의 영향력은 아이에게도,
부모에게도, 우리가 상상한 것
이상일 수 있어요.

오늘의
단어

말

아무리 조심해도
모자란 그것.

17 December

인생의 가장 큰 성취는
어떻게 다른 사람들의 삶을
향상시키는지에 달려 있습니다.
선생님은 매일 그 성취를 이루고 계십니다.
놀라운 일들이 매일 일어나고 있는 것이지요.

오늘의
단어

기적

여기까지 온 것만으로도
당신은 이 세상의 감동.

13 January

지적 능력 발달에서 가장 중요한 것은
'유전'이 아닌 '관심'입니다.
인생에서 가장 중요한 터닝포인트는
늘 긍정적 감정에서 비롯됩니다.
긍정적 감정은 관심에서 시작합니다.

장 베로Jean Béraud,
보데빌 극장, 1889년

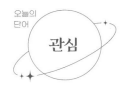

오늘의
단어

관심

작고 사소하지만,
삶에서 가장 강력한 무기

16 December

선생님이 웃으면 아이들이 따라 웃어요.
선생님이 웃으면 가족도 따라 웃어요.
선생님이 웃으면
하늘도 땅도 겨울바람도 강물도
다 따라 웃습니다.

오늘의
단어

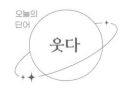
웃다

당신.

14 January

성장은 관심에서 시작해서
훈련(training)으로 완성됩니다.
하루에 한 가지씩
아이들을 훈련시키는 시간을 가지면 어떨까요?
어떤 성공도
반복된 훈련 없이는 불가능하니까요.

오늘의
단어

반복

지루하지만 어느 순간
몸에 익숙해지는
사는 연습.

15 December

앙리 드툴루즈로트레크Henri de Toulouse-Lautrec,
물랑루즈에서 –춤, 19세기경

사랑은 두 마음이 하나가 되는 게 아닙니다.
두 마음이 그대로 남아 있을 때,
비로소 사랑이 됩니다.
선생님의 마음이 그 자리에
그대로 있어서 다행입니다.

오늘의
단어
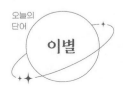
이별

좋지 않은 감정들을 떠나보낼 때,
마음 깊은 곳에 남기는 흔적.

15 January

교실에는 좋은 행동과
나쁜 행동이 뒤섞여 있습니다.
나쁜 행동을 지적해서
그 행동을 억제하는 것에 지친다면,
좋은 행동을 자세히 이야기하며
좋은 분위기에서 훈육을 해보세요.

오늘의
단어

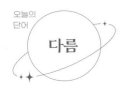
다름

성향이 서로 다른 교실에서
긍정만큼 좋은 교육은 없다.

14 December

겨울 바람이 불어와도,
눈이 날려도 괜찮습니다.
겨울이 지나야 봄이 오니까요.
그 사실을 알고 있기에,
우리는 겨울도 사랑할 수 있습니다.
그러니, 시련을 사랑하지 못할
이유가 있겠어요?

오늘의
단어

기운

출근하고 퇴근하기까지 매순간 내뱉는 단어.

16 January

아이들의 잘못을 하나둘 따지면 끝이 없어요.

위로와 격려는 그 모든 험난한 과정을 한번에 끝내는 기술입니다.

위로와 격려 한 마디에 교육이 있어요.

우리도 어렸을 때, 그랬잖아요.

왜 늦게 왔니, 왜 숙제 안 했니 같은 잔소리보다

무슨 일이 있었니? 아픈 데는 없니?

이런 위로와 격려에 더 힘을 냈잖아요.

오늘의
단어

위로

당신의 삶이 지금보다 나아질 수 있을 거라고 속삭이는
하늘의 다독임.

13 December

✦

아이들이 소속감을 느끼고,
스스로 능력이 있다고 믿는
마법같은 방법이 있어요.
그것은 바로 도움을 요청하는 것입니다.
아이들은 선생님이 도움을 요청했을 때
소속감을 느끼고 부탁을 해내면서
능력이 있다고 믿게 됩니다.
"선생님이 _____의 도움이 필요한데..."

오늘의
단어

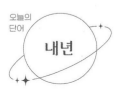

내년

'올해보다 낫겠지.'하고
생각하게 하는 것.

 **17** *January*

First you, then Child.

먼저 당신 스스로를 챙기세요.

그다음이 교육입니다.

긍정적 에너지를 채울 수 있는 한 가지를 아침 루틴에 넣어보면 어떨까요.

거울에 비친 자신의 모습을 보며, 이런 말을 두어 번 말해도 괜찮겠어요.

"할 수 있어. 할 수 있어."

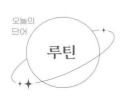

오늘의
단어

루틴

루틴의 가장 처음은
나를 위한 것이어야 한다.

12 December

오늘 우리, 이 단어를 사랑해봐요.

가능성.

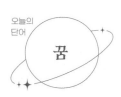

오늘의
단어

꿈

나이가 들어도 떠올리면 가슴을 뛰게 하는 이것.

니콜라이 보그다노프-벨스키Nikolai Bogdanov-Belsky,
겨울 러시아에서의 재미있는 썰매 타기

훈육에도 타이밍이 있습니다.

일이 일어난 다음보다는

일이 일어나기 전에,

기분이 나쁠 때보다는

기분이 좋을 때 더 효과가 있어요.

교사와 아이들이 기분이 좋다면,

그때가 메시지를 전할

아주 좋은 타이밍입니다.

오늘의
단어

타이밍

기분이 좋을 때가
우리가 무엇인가를 선택할
타이밍이다.

11 December

행복은 그냥 오는 게 아닙니다.
행복은 반응입니다.
어떻게 반응하느냐에 따라서
행복일 수도 불행일 수도 있습니다.

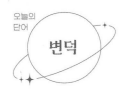

오늘의
단어

변덕

짜장면과 짬뽕, 양념치킨과 프라이드 치킨.
수없이 바뀌는 선택들.

19 January

우리는 학생들이 타인의 시선을 의식하는 게 아니라,
옳고 그른 것을 판단하고
스스로 삶의 주인이 되도록 도와야 합니다.
그것으로도 충분합니다.
아니, 그것만으로도 넘칩니다.

존 에버렛 밀레이John Everett Millais,
마리아나, 1851년

오늘의
단어

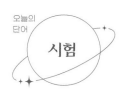

시험

인생에 오답은 없다.
설령 있다고 해도 그것은 틀린 게 아니라 다른 것이다.

10 December

어른은 쓴 약을 먼저 먹고 사탕을 먹지만,

아이는 사탕을 먼저 먹고 쓴 약은 안 먹겠다고 합니다.

교육은 쓴 약을 먼저 먹게 하는 것이니, 얼마나 힘든 일일까요?

고생 많으세요. 선생님. 파이팅!

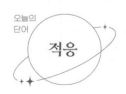

오늘의
단어

적응

내 자신을 세상에 맞춰가는 게 아니라,
세상을 내 자신으로 채워가는 과정.

20 January

질문 좋죠.
하지만 궁금하지 않을 때,
질문하면 독이 됩니다.
질문의 목적은 두 가지만 있습니다.
하나는 궁금증에서 비롯된 것이고
다른 하나는 성장을 위한 것이에요.

오늘의
단어

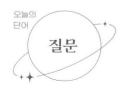

질문

해결책으로 가는 길.

9 December

클로드 모네Claude Monet,
앙티브 요새, 1888년

✦

추운 날을 피하고 싶을 때도 있지요.

그러나 아름다운 일들이

추운 날에 많이 일어납니다.

펑펑 내리는 함박눈,

손을 꼭 잡고 걷는 노부부,

눈 쌓인 길에 찍힌 발자국,

얼어붙은 냇물.

그리고 그 밑에서 봄을 기다리는 씨앗.

그리고 선생님.

오늘의
단어

발자국

마음속 깊은 곳에 남긴 이것을 우리는 사랑이라고 부른다.

21 January

수업과 관련 없는 학생들의 질문에
반응하지 않은 것은 그 친구를 무시하는 게 결코 아닙니다.
집중하고 있는 다른 친구들을 존중하는 방법입니다.
그렇게 우리는 서로를 존중하는 법을 배워갑니다.
아이들도, 선생님도 말이지요.

오늘의
단어

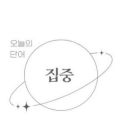

집중

오직 그 순간을 바라보는 것,
그 순간은 가장 빛난다.

모든 행동은 신념에서 비롯됩니다.

선생님을 힘들게 하는 그 아이는

선생님이 자신을 좋아하지 않는다고,

자신은 나쁜 아이라고,

친구들도 자신을 싫어한다고 생각하고 있습니다.

아니라고 생각하시나요?

아이에게 직접 물어보세요.

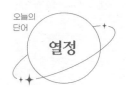

오늘의
단어

열정

이것 때문에 사랑을 만나고,
이것 때문에 무너질 때도 있다.

22 January

수업은 유튜브가 아니라 게임입니다.

일방적으로 시청하는 게 아닌 상호작용을 하는 과정입니다.

가르침과 배움이 통할 때 의미와 재미가 있습니다.

어느 한쪽이 일방적이라면 어느 순간,

신뢰를 잃어 관계가 어긋날 수도 있어요.

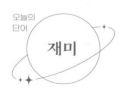

오늘의
단어

재미

삶을 즐겁게 하는 것은
소소한 재미.

7 December

용기는 모험의 시작입니다.

당신은 모든 모험을 마주할 자격이 있어요.

올 겨울방학에는 선생님도 용기를 내

평소에 하고 싶었던 일을 해보는 것은 어떨까요?

오늘의
단어

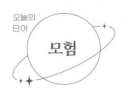

모험

잠시 다른 자아가 되는 게 아니라,
원래 나를 찾는 여정.

장 에티엔 리오타르Jean-Etienne Liotard,
터키 복장을 한 여인과 하인, 1750년

23 January

선생님은 한 아이를 집중시키려 반응했지만,
어쩌면 그 모습은 다른 아이들에게
선생님이 어떤 행동에 관심 있어 하는지
오해하게 만들 수 있어요.
선생님이 반응하는 그 행동을 아이들은 주목합니다.

오늘의
단어
오해

때로는 억울해도
자주 내 모습을 들여다봐야 하는 이유.

6 December

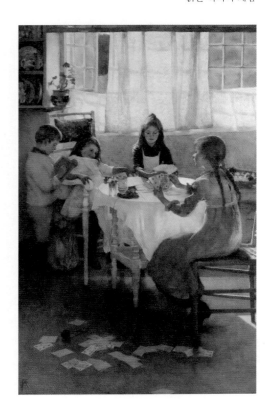

'아현이' 몇 해 전 가르쳤던 아이입니다.
이 아이를 생각하면
참 교사되길 잘했다는 마음이 듭니다.
다시 찾아오지 않아도, 다시 보지 못해도
그저 그 아이가 잘 지내면 좋겠습니다.

오늘의
단어

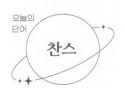

찬스

우리가 결정했던 수많은 선택 중에서,
지금의 선택이 가장 좋은 기회였다는 사실.

24 January

낙담한 아이는 자신만의 방법으로
자신의 가치를 매일 증명받고 싶어 합니다.
(관심끌기, 힘의 오용, 보복)

그래서 낙담한 아이는 잘못된 선택을 하죠.
그런 아이에게 다가서는 첫걸음은
문제해결을 돕는 게 아니라 격려입니다.

오늘의
단어

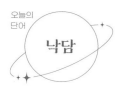

낙담

스스로를
마음에 들어 하지 않는 것.

장 에티엔 리오타드Jean-Etienne Liotard,
마리아 프레데리케 판 레데아틀론의 7세 시절 초상화, 1755~56년

5 December

앙리 루소Henri Rousseau,
독립 100주년, 1892년

일 년의 마무리가 시작되고 있습니다.
머지않은 시간에
선생님을 위한 선물이 기다리고 있어요.
이번 겨울에는 함께 있으면 행복한 사람과
여행을 떠나보면 어떨까요?

오늘의
단어
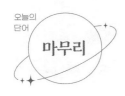
마무리

고단한 하루의 끝을 보기 위해서는 이것을 통과해야 한다.
그게 어렵다.

25 January

인간은 누구나 자신만의 필터를 통해 세상을 바라보고,
각자의 방식으로 세상을 살아갑니다.
그러니 아이들을 한 줄로 세우지 마세요.
각자의 색깔과 목소리로 살아갈 때,
보다 재밌게 세상을 바라볼 수 있어요.
그것은 선생님도 마찬가지예요.

오늘의
단어

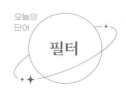

필터

세상을 바라보는
각자의 방식, 각자의 시선, 각자의 이야기.

4 December

가장 추운 곳은
아이들이 없는 교실입니다.
교실에서 자리를 옮겨
따뜻한 차를 마셔보세요.
좋아하는 음악과 말이죠.
마음만은 따뜻하길 바랄게요.

오늘의
단어

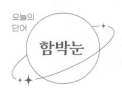

함박눈

솜이불처럼 세상을 덮는
이것 때문에
따뜻해지는 마음.

26 January

교실에서 말을 줄이고 발을 움직이면 어떨까요?

발이 바쁘면 아이들 하나하나 살펴볼 수가 있어요.

말이 많아지면 목이 아프지만,

발이 부지런해지면 따로 운동할 필요가 없으니까요.

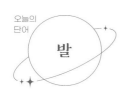

오늘의
단어

발

세상의 가장 먼 곳부터 가장 가까운 곳까지
살펴볼 수 있게 하는 나의 도구.

3 December

조셉 루벤스 파웰Joseph Rubens Powell,
겨울

불안함과 두려움이 당신을 휘감지만,
우리는 그것을 극복할 수 있는 힘을
가지고 있다는 사실을 자주 잊고 살아요.
지금까지 살아온 날들,
어려움을 극복하지 않은 날들이 없었습니다.

오늘의
단어

오르막길

그 길밖에 없다면, 오를 수밖에 없다.

27 January

아이들을 존중한다는 말이

꼭 아이를 어른과 같이 대하라는 것을 의미하지는 않습니다.

오히려 어른과 다르다는 점을 받아들이는 것입니다.

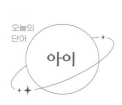

오늘의
단어

아이

아이는 자라서 어른이 되는 게 아니라,
그 아이의 미래가 된다.

2 December

수업의 성공은 질서에 있습니다.

질서는 순서를 정하는 것에서 시작합니다.

그러니 오늘은 먼저 손들기 대신

선생님께서 순서를 정해서

이야기하도록 해보세요.

질서가 있는 성공적인 수업을 응원합니다.

시모어 조셉 가이|Seymour Joseph Guy,
꽃다발 경연대회: 뉴욕 식당에 있는 로버트 고든 가족, 1886년

오늘의
단어

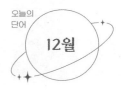

12월

과거보다
미래가 더 가까운 시간들.

28 January

아이들에게 화냈나요? 그렇다고 자책하지 마세요.

몸이 힘들어서, 마음이 복잡해서 그런 거예요.

내가 할 작은 단계는 사랑과 훈육의 새로운 표현을 익히는 일,

그것입니다.

오늘의
단어

자책

인생에 있어서
어쩌면 가장 불필요한 시간.

1 December

당신은 혼자가 아니에요.
언제든지 도움을 청할 수 있고,
누군가가 당신을 지지하고 있어요.
부디, 잊지 마세요.

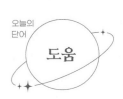

오늘의
단어

도움

누가 먼저 알아봐주길 바라지만,
내가 입 열지 않으면 아무도 모르는 이것.

29 January

아이들에게 수업에 집중하라고 말하기 전에,
스스로 먼저 수업에 집중하는지 되돌아보면 어떨까요?
선생님이 집중하면, 아이들도 집중합니다.

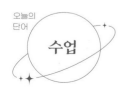

오늘의
단어

수업

가르침과 배움이
연결되는 순간.

12 DECEMBER

12월을 말할 때,
앞에 어떤 단어가 왔을까요.
'이제야'였을까요.
아니면 '벌써'였을까요.
그건 중요하지 않아요.
'이제는' 내년이 오니까요.

✧ 빈센트 반 고흐Vincent van Gogh, 별이 빛나는 밤, 1889년

30 January

교사의 삶은
사물의 규칙과 구조를 밝혀내는
과학과
새로운 삶의 법칙을
감동적으로 담는 예술,
그 사이에 존재합니다.

오늘의
단어

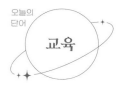

교육

모든 것을
해낼 필요는 없다.
그 가능성은
아이들에게 있다.

선생님도 사람입니다.

눈물이 날 때도, 화가 날 때도, 마구 웃고 싶을 때도 있어요.

그 감정들 하나하나 소중합니다.

오늘의
단어

감정

때로 휘말려도 괜찮은 것,
억지로 만들어가다가 부러지고 마는 것.

31 January

한 눈으로는 한 아이를 따뜻하게 봅니다.

다른 한 눈으로는 나머지 아이들을 더욱 따스하게 바라봅니다.

그리고 제3의 눈으로는 냉정하게 다음 수업을 계획합니다.

교사의 역할은 이렇게 위대합니다.

오늘의
단어

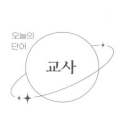

교사

누군가의 삶을 바꿀 수 있는
위대한 여정.

선생님 인생에서 가장 소중한 존재는 누구일까요?

오늘은 그분에게 전화를 걸어보세요.

목소리를 듣는 것만으로도 눈물이 나는 그런 사람.

오늘의
단어

목소리

그 떨림과 그 높낮이와 그 무게와 그 기억이
담겨 있는 것.

바실리 칸딘스키Wassily Kandinsky,
말을 탄 커플, 1906~1907년

2 FEBRUARY

꽃이 피기 전의 날씨가 가장 매섭습니다.
인생도 마찬가지, 꽃피기 전이 가장 어둡습니다.

주세페 아르침볼도Giuseppe Arcimboldo, 겨울, 1563년

28 November

어렸을 때, 기억나시나요?

교과서의 '국어'를 '북어'로 바꾸고,

'미술'를 '마술'로 바꾸는 일 말예요.

어른이 되니까 자연스럽게 글자가 바뀌죠.

아이는 어른이 되고,

사랑은 결혼이 되고,

결혼은 가족이 되고.

오늘의
단어

막상

이 단어 뒤에 오는 문장은 언제나 일을 쉽게 만들어준다.
막상 해보니까…

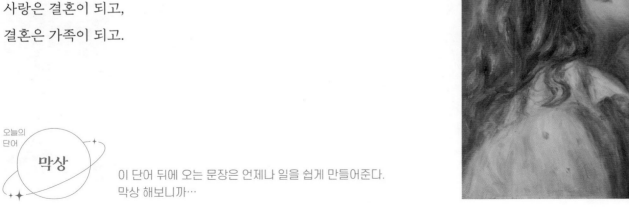

피에르 오귀스트 르누아르Pierre-Auguste Renoir,
독서, 1892년

집에 가서 자꾸 생각나는 아이가 있나요?

그렇다면 그 아이는 목적을 달성했습니다.

이미 당신의 관심을 퇴근 후에도 끌고 있기 때문이지요.

반대로 선생님도, 타인의 마음에 남는 사람이 되고 싶나요?

어쩌죠. 당신의 존재만으로 그 목적은 이미 이뤘어요.

오늘의
단어
관심

사랑과 걱정,
그 사이에 어딘가 존재한다.

27 November

휴식도 자기 관리의 일부입니다.

건강한 식습관 같은 것처럼 말이지요.

처음에는 제대로 쉴 줄 몰라서 오히려 안절부절못할 수도 있어요.

그러나 연습하다보면 제대로 쉬는 날이 올 거예요.

네, 맞아요. 휴식에도 연습이 필요해요.

오늘의
단어

편식

싫은 사람은 싫은 것,
억지로 만날 필요는 없다.

카미유 피사로Camille Pissarro
몽마르트 대로 밤풍경, 1897년

아이들을 잘 가르치는 교사는
훌륭한 교사입니다.
그러나 코로나 팬데믹 상황에서
교실을 지켜낸 여러분은
위대한 교사입니다.

오늘의 단어
거리두기

자신에게 맞는 보폭이 있듯,
관계에서 적절한 거리를
찾아가는 과정.

26 November

휴식 중에는 모바일 알림을 모두 끄세요.

당장 처리할 업무 따위는 생각하지 마세요.

오롯이 혼자만의 시간을 보내세요.

산책을 해도 좋고, 책을 읽어도 좋습니다.

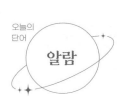

오늘의
단어

알람

당장은 아니지만,
5분 뒤에는 행동하라는 신호.

카미유 피사로Camille Pissarro,
몽마르트 대로 겨울 아침, 1897년

꽃 피는 일에도 순서가 있습니다.
매화, 목련, 벚꽃…
어떤 꽃이 더 좋고,
향기로운지가 중요한 게 아니에요.
제철에 맞게 꽃이 피는 것,
그게 가장 중요한 일입니다.

오늘의
단어

철

철이 오면
누구나 꽃 피운다.

25 November

일정표를 볼까요?
혹시 '휴식'이 일정에 있나요?
없다면, 당장 추가하세요.
매주, 매월 일정한 시간에
휴식해야 합니다.

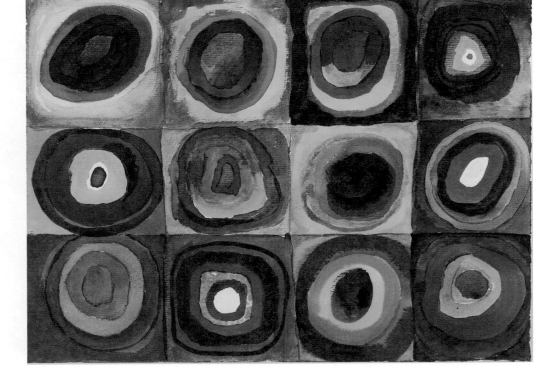

오늘의
단어

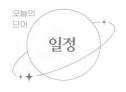

일정

일상이 지칠 때는
쳐다보기도 싫은 이것.

에드가 드가Edgar degas,
발레춤 수업, 1874년

아이와 어른의 차이는 무엇일까요.

받는 것에 익숙하면 아이,

주는 것에 익숙하면 어른입니다.

교사의 길은 기본적으로 주는 일에 있습니다.

그래서 조금이라도 더디게

어른이 되고 싶었다고요?

어쩌겠어요.

여기까지 모두 무사히 왔는데.

오늘의
단어
어른

어른도 때로 받고 싶다.
월급 날이 기다려지는 이유.

24 November

오늘 선생님의 작은 행동이
아이들의 미래에
큰 영향을 끼칠 수 있습니다.
그것만으로도 선생님 존재는
가장 빛납니다.

오늘의
단어
영향력

웃는 것만으로도
힘이 되어주는 사람.

5 February

에드바르 뭉크Edvard Munch,
생의 춤, 1899~1900년

교육의 궁극적인 방향은
성장(Growth)이 아닌 성숙(Mature)입니다.
성장은 눈으로 보이지만
성숙은 마음으로 드러납니다.

오늘의
단어

방향

방향은 틀리지 않는다. 다만 다를 뿐이다.

체육 시간에 아이가 다칠까 걱정입니다.

갑자기 교실로 학부모 전화가 올 것 같아서 걱정입니다.

내가 실수하여 동료에게 피해를 주는 게 아닌지 걱정입니다.

하지만 전 선생님의 몸과 마음 건강이 걱정입니다.

그러니 그런 걱정 내려놓고, 선생님을 걱정해주세요. 꼭!

이반 이바노비치 시슈킨Ivan Ivanovich Shishkin,
소나무 숲, 1897년

오늘의
단어

거울

힘들 때나 기쁠 때나, 눈이 오나 비가 오나
그곳에는 내가 존재한다.

피터르 브뤼헐Pieter Brueghel de Oude,
네덜란드 속담, 1559년

어린아이들은 위대한 관찰자이지만
형편없는 해석자이기도 합니다.
따라서 부정적인 경험보다는
긍정적이고 희망적인 장면에
노출되어야 합니다.

오늘의
단어

해석

어떻게 해석하느냐에 따라 결말이 달라지는 이야기들.

22 November

자신을 사랑하고 믿어주세요.
당신은 그럴 가치가 있습니다.

오늘의
단어

가치

눈에 보이지 않아서 더욱 알 수 없는 것.
나에게도 반드시 있는 것.

아서 존 엘슬리Arthur John Elsley,
픽업, 1907년

7 February

앙리 루소Henri Rousseau,
적도 정글, 1909년

아이들이 가져야 하는 가장 기본적인 신념은
'나는 능력이 있다.'고 믿는 자기 확신과,
'사람들은 내 친구다.'라고 믿는 공동체 의식입니다.
가능성이 있다고 확신을 주고, 신뢰를 주세요.

오늘의
단어
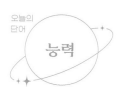
능력

한계는 없다고 하지만,
사실 한계에 다다를 필요가 없다.
지금 있는 그 힘만으로도 충분하다.

클로드 모네Claude Monet,
엡테 강변의 포플러나무, 1891년

힘든 날에도 아이들 앞에서 웃는 선생님, 정말 존경합니다.

그러나 가끔은, 정신 건강을 위해 감정을 표정에 담아도 괜찮습니다.

사람이 언제나 웃고 살 수는 없어요.

선생님도 인간이라는 사실을, 아이들은 알고 있어요.

오늘의
단어

앞

이것만 생각하고 살면 종종 뒤를 잊게 된다.
내 뒷모습을 바라봐주는 사람들이 있다.

8 February

아이들을 낙담시키는 세 가지는
반복된 실패, 애지중지, 방임입니다.
아이들에게 용기를 주는 두 가지는
결과와 상관없는 관심과 사랑
그리고 작은 성공의 경험입니다.

오늘의
단어

성공

작고 하찮은 일이라 할지라도
무사히 마치면 성공이다.

빨리 방학이 왔으면 하는 마음,

이해합니다.

불필요한 일들이 너무 많다는 생각,

이해합니다.

변화를 위해 하루를 멈추게 한 결정,

이해합니다.

이해합니다. 선생님!

오늘의
단어

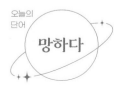

망하다

늦잠 잘 때,
지각할 때,
수업 시간에 애들이 졸 때.
그런 사소한 것들.

9 February

교사의 관심은 아이의 소속감을 키우고,
아이의 작은 성공은
아이에게 자신감을 불어넣어요.
자존감은 스스로에 대한
긍정적인 인식을 가질 때
비로소 단단하게 형성됩니다.

오늘의
단어
자존감

내가 나에게 부여하는 의미.

선생님은 교육계에서
누구도 따라올 수 없는
특별한 존재입니다.
선생님은 가장 빛나는 별입니다.
선생님은 학생들의 인생에서
빠져서는 안 되는 중요한 인물입니다.

오늘의
단어
밤

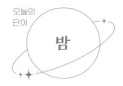

우리가 가장 빛날 때는 가장 어두울 때다.

교사는 아이들을 통제(Control)하지 않습니다.

상황을 관리(management)할 뿐이죠.

그리고 아이를 이끕니다(Lead).

아이를 통제하고 싶은 마음이 들면

상황은 부정적인 방향으로 흘러갑니다.

오늘의
단어

통제

이 세상에 통제가 가능한 일은 없다.
그렇게 생각하면 편하다.

18 November

주저앉을 수도 있습니다.
당신은 항상 다시 일어납니다.

오늘의
단어

좌절

이것은 계절이다.
견디기 힘들지만 봄은 온다.

바실리 칸딘스키Wassily Kandinsky,
오렌지, 1923년

11 February

비난은 상황을 과거로 끌고갑니다.

미래로 가려면 해결책을 찾아야 합니다.

해결책을 혼자 찾으려고 하지 마세요.

혼자서 해낼 수 있는 일은

이 세상에 얼마 없으니까요.

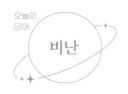

오늘의
단어

비난

나도 비난을 들으면 싫듯이,
남도 비난을 들으면 싫다.
이것은 삶의 방해.

가을은 왜 이렇게 바쁘게 떠날까요.

겨울이 빠른 걸음으로 찾아오고 있습니다.

어쩔 수가 없어요.

나이 먹는 일도 마찬가지, 어쩔 수 없죠.

지금 이 순간은 인생에서 딱 한 번뿐인 시간입니다.

늘 그래왔어요.

오늘의
단어

휴식

정신없는 날들 속에서
서서히 잊히는 이름들을
꺼내는 시간들.

12 February

마음이 분주하면

아이의 행동에 반응하게 됩니다.

마음이 고요하면

아이의 행동이 갖는 목표를 이해하게 되죠.

아이 행동에서 목적을 알게 되면

내 마음이 달라지고 내 결정도 달라집니다.

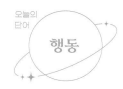

오늘의
단어

행동

목적과 목표가 없는 행동은 없다.

16 November

찰스 버튼 바버Charles Burton Barber,
큐비 하우스, 1891년

쌀쌀한 바람이 불어오는 날,
따뜻한 곳에는 사람이 머물기 마련입니다.
마음이 따뜻한 사람이 되세요.

오늘의
단어

따뜻함

기억하는가.
어렸을 때 붙잡았던 엄마의 손을.

처벌요? 멀리 보면 처벌은

반항, 보복, 낮은 자기평가로 이어집니다.

반대로 보상은

타인의 시선을 의식하는 삶을 살게 합니다.

처벌과 보상은

음식에 비유하면 가끔 먹는 디저트가 되어야 합니다.

결코 주식이 되어서는 안 됩니다.

오늘의
단어

디저트

배를 채우지 않을 정도로 먹어야
달콤하고 맛있는 그것.

카미유 피사로Camille Pissarro,
퐁네프, 1902년

15 November

선생님은 교육자로서 많은 어려움을 만날 수 있습니다.

하지만 그 어려움을 극복할 힘을 가지고 있습니다.

너무 바쁘게 살다보면, 내가 가진 힘을 잊고 살기도 하지만 말이에요.

그런 순간,

학생들이 선생님에게 얼마나 감사하게 여기고 있는지 기억하세요.

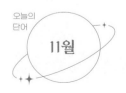

오늘의
단어

11월

끝에 도착하기 직전에야 마주치는 것.
가을도 겨울도 아닌 그 시간들.

에드바르 뭉크Edvard Munch,
절규, 1893년

처벌한다고 말하는 법을 단시간에 배우지 못합니다.
말을 배우기 위해서는 오랫동안 대화를 나누어야 하죠.
관계를 맺는 방법을 아이가 잘 모른다고 해서 분리시키면 안 됩니다.
관계 속에서 관계 맺는 방법을 알려줘야 합니다.

오늘의
단어

대화

사람과 사람을 연결하거나
선을 긋는 방법.

14 November

선생님은 언제나 교실 안에서
변화를 만들어가고 있어요.
그 변화가 항상 특별하지는 않을 거예요.
그렇지만 모든 변화에는 의미가 있습니다.

오늘의
단어

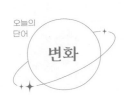

변화

그때는 없던 사랑이 생겼다는 사실을
깨달았을 때.

15 February

조셉 파쿠하슨Joseph Farquharson,
짧아지는 겨울날이 거의 끝나가고 있다, 1903년

아이가 기회에 대한 책임을
다하지 않는다고요?
그렇다면 아이가 경험해야 하는 것은
기회의 박탈이지 비난이 아닙니다.
"오늘은 규칙을 어겨 함께 할 수 없단다.
네가 규칙을 지킨다면
다음 체육시간에 함께 할 수 있단다."

오늘의
단어

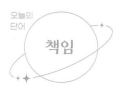

책임

글과 말로 배우는 게 아닌
삶의 경험으로 쌓아가는
무거운 짐.

사랑하는 일이 쉬웠다면,
인간 사는 세상도
지금보다는 아름다웠겠지요.
그 어려운 일을 매일 하고 있는
사람들이 교사입니다.
선생님은 지금보다 행복해야 할
권리가 있어요.

오늘의
단어

권리

사람이라면
마땅히 누려야 하는 것.

아이들은 거짓말을 하죠.
'전 공부를 못해도 상관없어요.'라고 말한다면
'실패가 두려워요.' '사실 잘하고 싶어요.'라는
아이의 속마음을 알아주세요.
교사는 학생들이 누구나
공부를 잘하고 싶어한다고 믿어야 합니다.

오늘의
단어

밥

교사가 할 일은
아이들에게 밥상을 차려주는 일.

헬레나 세르프백Helene Schjerfbeck,
선생님, 1933년

아이들을 가르치는 일은 어쩌면
방향을 가리키는 일과 같습니다.
아이들을 억지로 끌고 갈 수는 없어요.
손가락으로 방향을 가리키고,
그곳으로 스스로 가는 방법을 가르치는 일.
맞아요. 선생님이 지금 하고 있는 일입니다.

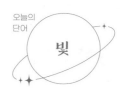

오늘의
단어

빛

빛은 이것을 만들고,
이것은 때때로 사람을 만든다.

니콜라이 보그다노프-벨스키Nikolay Bogdanov-Belsky,
암산. SA Rachinsky 공립학교에서, 1895년

17 February

물론 실수는 배움의 멋진 기회이지요.
다만, 실수의 원인을 깨닫고
행동을 수정하고 난 후에야
가능한 이야기입니다.

오늘의
단어
실수

다음부터 같은 실수를
안 하겠다고 마음먹었지만
만만치 않다.

속도가 중요할까요?

속도보다

방향이 중요할 때가 훨씬 많습니다.

오늘 하루는 뭐든지 천천히 해봐요.

그러면 적당한 방향을 찾을 수 있을 거예요.

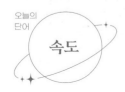

오늘의
단어

속도

빨리 가면, 빨리 잊는다.

18 February

운동선수에게 루틴은 매우 중요합니다.
마찬가지로 학생들에게도
안정된 루틴이 필요합니다.
일과가 잘 지켜졌을 때
좋은 결과를 얻을 수 있습니다.

오늘의
단어

루틴

때로는 지루하고
때로는 단순하지만
그 끝은 언제나 좋은 것.

10 November

<채근담>에 이런 말이 있어요.
'괴로움과 즐거움을 모두 겪은 끝에 얻은 행복이라야 비로소 오래가고,
의문과 믿음을 번갈아 가며 생각한 뒤에 얻은 지식이라야 참된 앎이다.'
우리의 삶은 행복과 참된 앎을 얻을 수 있게 설계되고 있습니다.

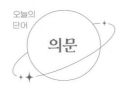

오늘의
단어

의문

나는 왜 사는가. 왜 사랑하는가.
왜 하필 당신을 만나서 마음 저리는가.

장 베로Jean Béraud,
꿈의 피가로, 1875년

아이들과 역할 나누기를 한다고 해서

모두가 역할을 잘 수행하는 것은 아니에요.

오히려 하지 않은 것을 비난하며 혼란스러워질 수 있어요.

역할을 잘 수행하기 위해서는

주인의식(Onwership), 책무(Accountability),

책임(Responsibility)이 필요해요.

오늘의
단어

역할

이 세상에 필요 없는 일은 없다.
역할이 없어 보이는 사람도
자세히 보면 그만의 역할을 갖고 있다.

9 November

구스타브 클림트Gustav Klimt,
메다 프리마베시, 1912~1913년

처음 가는 길은 없어요.

새로운 길이라고 생각해도

이윽고 누군가의 발자국을 발견하게 됩니다.

그럴 때는 늦었다고 생각하지 말고,

외롭지 않다고 생각해보세요.

오늘의
단어

길

이것을 잃고 방향을 잡지 못할 때조차
사실 우리는 지도를 만들고 있는 중이다.

파울 클레Paul Klee,
검은 별 아래, 1918년

삶은 객관적이지 않아요.

우리는 상황을 서로 달리 해석하고

서로 다른 의미를 부여하는

주관적인 세상을 살아갑니다.

그러니까 언제나 갈등이 생기게 마련입니다.

상대방 의견은 다른 것이지 틀린 게 아닙니다.

이것만 기억해도 갈등 상황을 일찍 끝낼 수 있어요.

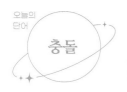

오늘의
단어

충돌

서로의 시선이 다르다는 점을
인정하지 않을 때 튀는 불꽃.

8 November

선생님은 사랑 받을 자격이 충분합니다.
선생님이라서 그런 게 아닙니다.
그 존재만으로도 사랑 받을 자격이 있습니다.
감사합니다.

오늘의
단어

자격

사랑을 줄 때도, 사랑을 받을 때도
이것이 있어야 한다.

21 February

아이들의 모든 행동의 뿌리는 낙담(Discouragement)에 있어요.

낙담은 세 가지 과제에 대해 스스로 실패했다고 믿을 때 생깁니다.

일(공부, 운동, 미술 등), 관계, 사랑.

아이 행동이 갑자기 달라졌다면,

일, 관계, 사랑에서 원인을 찾아보세요.

그러면 보다 수월하게 접근할 수 있습니다.

오늘의
단어

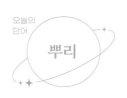

뿌리

마음 깊이 자라나 어느새 꽃피우는
내 삶의 거대한 뿌리.

7 November

그런 말이 있죠.
스스로 알을 깨면 병아리가 되지만,
누군가 알을 깨주면 계란 프라이가 된다고요.
어른도 아이도 알을 스스로 깨야 어떤 존재가 됩니다.

오늘의
단어

 **병아리**

가끔 그 시절로 돌아가고 싶다고 생각한다.

아이들은 매 순간 관심을 확인받고 싶어 해요.

그러니까 교사가 어떤 순간에

어떻게 관심을 주는지에 따라

아이의 행동이 변화될 수 있어요.

"공책 정리가 깔끔해졌는데…"

오늘의
단어

변화

1센티미터만 방향을 틀어도
수 킬로미터 달라지는 미래.

바실리 칸딘스키Wassily Kandinsky,
라이트 서클, 1922년

할 수 있는데, 해야 했는데, 해야만 했는데.
후회는 더없이 슬픕니다.
다행히 이 슬픔은 막을 수가 있어요.
하면 되니까요.

오늘의
단어

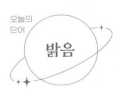
밝음

이것은 어둠의 반대가 아니라,
어둠은 이것에 속해 있다.

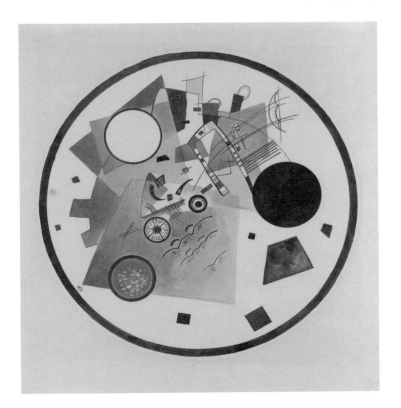

빙산의 드러난 부분을 깎아내면 빙산은 다시 떠올라요.
마찬가지로 아이의 잘못된 행동에만 집중하고 지적하면
다른 문제가 또 생깁니다.
근본적인 문제는 아이의 소속감과 자존감에 있습니다.

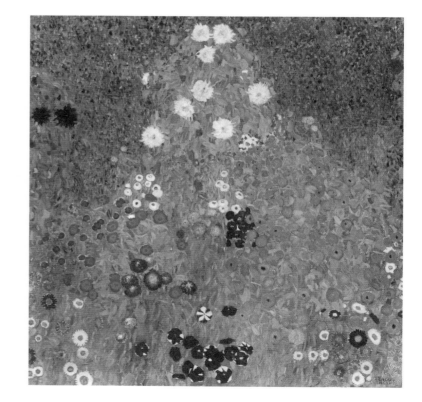

오늘의
단어

빙산

눈에 보이는 것보다 눈에 보이지 않는 게 더 많다.
사람이 그렇다.

5 November

규칙을 어기는 아이에게 이렇게 말해주세요.
"규칙을 어겨야 하는 특별한 이유가 있나요?
규칙을 지키는 것은 네 자신을 존중하고,
타인을 존중하고,
우리가 만드는 것들을 존중하는 거란다."

오늘의
단어

처음

지금 이 순간은
누구에게나 처음.

24 February

긍정훈육을 처음 만나고
학급이 긍정적이 되길 바랐죠.
몇 년이 지나고
긍정적인 방법을 선택하려고 했습니다.
이제야 깨닫게 된 게 있어요.
내가 긍정적인 사람이 되는 것이
가장 빠른 길이라는 것입니다.

오늘의
단어

지름길

내가 변하는 게
이 세상을 건너는
가장 빠른 방법이다.

앙리 쥘 장 조프루아Jean Geoffroy,
어린 아이들의 기쁨, 1906년

선생님에게 누가 뭐라고 말을 하든
그것은 인생에서 크게 중요하지 않습니다.
정말 중요한 것은
선생님이 그들에게 하는 대답입니다.

오늘의
단어

대답

막상 이것을 내뱉지 않는다고,
사랑이 바뀔 일은 없다.

라파엘로 산치오Raffaello Sanzio,
아테네 학당, 17세기

"가장 빨리 피는 꽃은 매화입니다.

사람들의 환영을 받으며 이른 봄에 피죠.

가장 늦게 피는 꽃은 국화입니다.

사람들의 마지막을 함께 하는 꽃입니다.

빨리 피든 늦게 피든 어떤 꽃이든

의미가 있어요." (아이들을 격려하는 말)

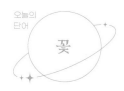

오늘의
단어

꽃

이 세상에 이름 없는 꽃은 없다.

3 November

펠릭스 발로통Félix Vallotton,
바수이 하얀 해변, 1913년

아이들이 의자를 끄는 소리,

운동장을 가로지르며 뛰는 소리,

교실 문이 열리는 소리,

아이들이 떠드는 소리,

그 소리 사이로 흘러가는 바람 소리.

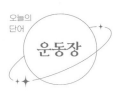

오늘의
단어
운동장

어렸을 때는 엄청나게 커 보였던 것,
다시 찾아가면 생각보다 작은 것.

헬레나 세르프백Helene Schjerfbeck,
부두에서, 1879년

공부를 잘하는 비법요?
'그때 더 할 걸.'이라고 후회하거나
'점수가 안 나오면 어떡하지?'라고
걱정하기보다 지금 집중하면 됩니다.
집중하는 첫걸음은 바로
허리를 펴고 곧게 앉는 자세입니다.

오늘의
단어

자세

자세가 흐트러지지 않으면
목표가 흔들리지 않는다.

앙리 루소Henri Rousseau,
주니어 신부의 마차, 1908년

✦ •

괜찮아. 괜찮아. 괜찮아.

오늘도 어제처럼 충분한 하루였어.

오늘의
단어

어제

지나고 보면 별것 아닌 날,
지나고 보면 가장 빛났던 날.

27 February

경쟁은 때론 피할 수 없어요.

그러나 친구와 경쟁하면 불행이 찾아옵니다.

경쟁은 친구가 아닌 어제의 자신과 경쟁하는 것입니다.

오늘의 나는 또 내일의 나와 경쟁하게 되겠지요.

이건 적어도 지는 쪽도 이기는 쪽도 자신이 되니까,

슬플 일, 상처받을 일은 없어요.

오늘의
단어

경쟁

타인이 아닌 내 자신이 쌓은 기록을
뛰어넘으려고 노력하는 것.

1 November

낙엽이 굴러가는 소리에 귀 기울여 본 적이 있나요?
쉽지는 않겠지만, 오늘 하루만큼은 가만히 무엇이든 내버려두세요.
내버려둬도 괜찮은 일들이 꽤 있습니다.

오늘의
단어
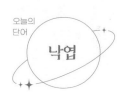
낙엽

바람을 타고 내려오는
지난 시절의 초록.

로렌스 알마 타데매awrence alma-tadema,
세 가지 은혜, 19세기

우리나라 고창에 한 그루에 포도 4천 송이가 열린

기적의 포도나무가 있어요.

포도나무 주인은 물을 줄 때

일부러 뿌리에서 조금 떨어진 곳에 줍니다.

뿌리가 스스로 찾아와서 물을 먹게 한 것이에요.

교육도 그렇습니다.

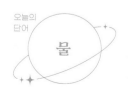

오늘의
단어

물

억지로 먹게 할 수 없다.
목이 마를 때까지 기다리면 누구나 마시게 된다.

11 NOVEMBER

가을도 아니고, 겨울도 아닌
애매한 마음 때문에 쓸쓸할 때가 있어요.
그런 날이 있어야 다른 감정도 느껴져요.

✿ 조셉 루벤스 파웰Joseph Rubens Powell, 가을, 19세기

3 MARCH

바람이 조금 차갑다고 창문을 열지 않으면,
산수유꽃 피는 모습을 지나칠 수가 있어요.
사랑도 그래요, 조금 쌀쌀 맞다고 마음을 닫으면
아무것도 이룰 수가 없어요.

바실리 칸딘스키Wassily Kandinsky,
이네이난데르(혼합), 1928년

학생들과 선생님을 연결하는 말 '우리.'

'여러분 규칙을 지켜주세요.'

보다는 '우리 규칙을 함께 지켜요.'라고 말해보세요.

오늘의
단어

질문

인생을 뒤흔드는 질문은
주로 사랑을 만날 때 찾아온다.

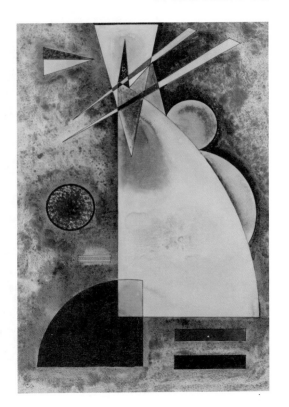

1  March

존 윌리엄 고드워드John William Godward,
딜레당트, 1922년

교실을 정리하고 아이들 맞을 준비를 모두 했지만,

그래도 뭔가 준비가 덜 된 느낌인가요?

그 빈 공간은 아이들과 함께 채워나가요.

교실의 변화는 안전, 연결, 성장 순서입니다.

오늘은 안전한 하루를 열어가세요.

오늘의 단어

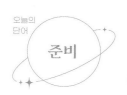

준비

해도 해도 부족한 것 같은 느낌.

제발 그러지 마세요.

온 힘을 다해서 하지 마세요.

정말 어쩌려고 그러세요.

교사의 삶은 마라톤입니다.

바실리 칸딘스키Wassily Kandinsky,
헤비 레드, 1924년

오늘의
단어
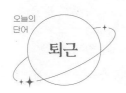
퇴근

출근하자마자 이것을 생각해도
틀린 감정이 아니다.

2 March

"임용고시 합격했을 때
그때 마음이 어땠나요?"
그 마음 그대로,
오늘은 개학입니다.

오늘의
단어

개학

어른이 되었지만
3월 2일이 되면
언제나 긴장되는 이유.

로렌스 알마 타데마awrence alma-tadema,
장미 정원에서, 19세기

정말 정말 미운 아이가 있다면,
용서하기 힘든 아이가 있다면,
나를 위해서 그 아이를 용서해주세요.
그 생각에서 자유로울 수 있도록 말이죠.
그럼 새로운 출발을 할 수 있답니다.

오늘의
단어

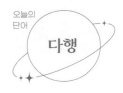

다행

당신을 향한 세상에서
가장 안전하고 진심인 단어.

3 March

때론 맞서야 하는 순간이 있습니다.
우선 곧게 서고 허리를 펴고 어깨를 폅니다.
그리고 내 안에 있는 용기에 집중합니다.
그럼 준비가 끝났습니다.

오늘의
단어

직면

피하고 싶지만
피하지 말아야 하는 그것.

28 October

아이들이 어른이 되었을 때,
선생님 얼굴을 잊을 수도 있어요.
선생님 이름을 잊을 수도 있어요.
하지만 선생님에게 배운 것들은
결코 잊지 못할 거예요.

오늘의
단어

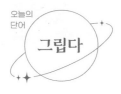

그립다

지금 이 순간
마음에 담겨 있는
아름다운 감정.

4 March

로렌스 알마 타데마awrence alma-tadema,
호머의 독서, 1885년

가정과 학교의 일을 함께 하고 있나요?
선생님에게 스위치를 선물합니다.
학교에서는 가정 고민을 off.
집에서는 학교 고민 off!

오늘의
단어

일

직장과 집,
그 적당한 거리를 지켜내는 것도 일.

27 October

추수가 끝난 논,

잎사귀가 모든 진 나무,

닫을까 말까 망설이는 창문,

그리고 가을이니까 용서되는 일들.

오늘의
단어

학습

가장 어려운 것은
사람을 배우는 일

로렌스 알마 타데매awrence alma-tadema,
유리한 위치, 1895년

당당한 모습으로 하고 싶은 말을 하세요.

그게 나를 존중하는 선택입니다.

그리고 내가 할 수 있는 최선입니다.

하고 싶은 말을 오래 묵히면

마음에 병이 생깁니다.

언제나 선생님들이 최선의 길을 걸었으면 좋겠습니다.

오늘의
단어

존중

습관처럼 나 자신을 응원하는 것.

26 October

마음의 문을 열고
아이들과 함께
같은 방향으로 걸어갑니다.
때로는 다른 방향으로 가거나
따라오지 않는 아이가 있습니다.
바른 방향으로 다시 안내하는 것이
선생님 역할입니다.

오늘의
단어
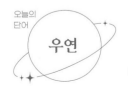

우연

길을 가다가 오래된 친구를 만나는 것.

6 March

말은 짧을수록 효과적입니다.
하고 싶은 말이 있다면
간결하게 전달하세요.

오늘의
단어

효과

당신도 누군가에게 기쁨의 효과이다.
내가 당신에게 그렇듯이.

25 October

<예기>에 이런 말이 있죠.
'배우고 나서야 비로소
자신의 부족함을 알게 되고,
사람에게 가르치고 나서야 비로소
그 곤란함을 알게 된다.'
그 곤란 속에서 고군분투하는 선생님,
기운 내요.

오늘의
단어

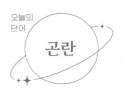

곤란

이 기분이 들 때는 참으면
더욱 큰 상처가 될 수 있다.

7 March

유난히 우리 반만 뭔가 안 된다고 생각하나요?
걱정하지 마세요.
옆 반 선생님도 똑같은 생각을 하고 있답니다.
그러니 오늘은 동료와 차 한 잔, 어떨까요?

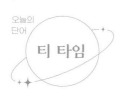

오늘의 단어

티 타임

당신과 나, 서로를 다독여주고,
거리를 좁혀주는 시간.

24 October

너무 빨리 읽거나 너무 천천히 읽으면

아무것도 이해하지 못한다고 해요.

삶도 마찬가지예요.

너무 급해도, 너무 느려도

아무것도 해낼 수가 없어요.

선생님, 우리 적당히 사는 법도 연습해요.

오늘의
단어

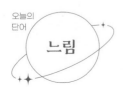

느림

지금 느리다고 생각하는
그 속도도
누군가에게는 빠르다.

로렌스 알마 타데마awrence alma-tadema,
이오니아의 푸른 하늘 아래서, 1898~1901년

자녀 문제를 해결하는 가장 좋은 방법요?
학부모님, 사실 그 일은 어렵지도 쉽지도 않아요.
아들러는 말합니다.
자신만 생각하거나 자기 문제만 해결하려는
태도를 내려놓고 주변에 관심을 가질 때
많은 문제가 해결된다고 말이지요.

오늘의
단어

문제

일이 꼬이면 어디서부터 꼬였는지
천천히 실마리를 찾는 과정.

23 October

경쟁에서 이기면 우쭐한 마음이 들고
경쟁에서 지면 주눅이 듭니다.
그러나 교실 창문을 열고
시원한 바람이 살랑 불어오면
평화로운 마음이 듭니다.

바실리 칸딘스키Wassily Kandinsky,
'모든 성인Ⅱ(성자들과의 작곡)' 초안, 1911년

오늘의
단어

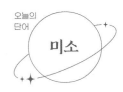

미소

아무리 힘들어도 슬며시 이것을 하면 힘이 난다.

9 March

식물이 잘 자라기 위해서는 솎아줘야 합니다.
성장하기 위해서 식물과 식물 사이에 적절한 거리가 있어야 하는 거죠.
아이들과 아이들 사이, 아이들과 선생님 사이에도
적절한 거리가 있어야 합니다.

오늘의 단어

거리

너무 가까우면
더는 자라지 못한다.

22 October

아이들에게 알 가치가 있는 모든 것을 가르쳐주기는 불가능해요.

불가능을 가능하다고 믿는 순간, 시련이 닥치게 돼 있어요.

사실, 사는 문제도 늘 그래왔어요.

어른들도 불가능한 문제를

자기가 풀 수 있다고 믿는 순간부터 시련을 겪어요.

불가능한 것은 그냥 그대로 두세요.

언젠가는 가능한 문제로 변하기도 하니까요.

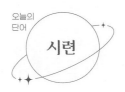

오늘의
단어

시련

괜찮다고 하기에는 힘들 때,
결국은 괜찮아질 거라 생각해도 시릴 때.

10 March

교사가 아이들에게 줄 수 있는 가장 큰 선물은
아이가 자신과 친구들 그리고 세상과 미래를
낙관적으로 볼 수 있게 하는 삶의 태도입니다.

오늘의
단어

태도

내 모습보다 어쩐지 상대의 태도가 더 신경 쓰이는 건
어른이 되어서도 마찬가지.

21 October

하랄드 슬로트Harald Slott,
덴마크 풍경, 1891년

아픈 마음을 낫게 하는 것은 사랑입니다.
사랑은 마음의 평화를 가져옵니다.
이 가을, 사랑하세요.

오늘의
단어
쓰레기통

가끔은
그곳에 던지고 싶은, 사람을 향한
감정들.

명심하세요. 나쁜 아이라고 생각이 들면,
벌을 주고 싶은 마음이 들어요.
어리석은 아이라고 생각하면,
교육을 하고 싶은 마음이 듭니다.

오늘의
단어

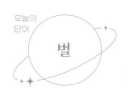

벌

사는 게 벌 받는 것 같을 때가 있다.
때론 울고 나면 괜찮아 질 때가 있다.

20 October

천천히 물드는 것처럼 보이던 은행나무 잎은

어느새 순식간에 물들고,

순식간에 지고,

나뭇가지는 앙상합니다.

하지만 자세히 보세요.

나뭇가지에 걸려 있는 구름과 바람과 아이들 소리를요.

그게 가을입니다.

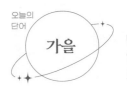

오늘의
단어

가을

벤치에 앉아 멍하니
잎사귀 굴러가는 모습을
보고 싶은 날.

메리 카사트Mary Cassatt,
고양이와 노는 아이, 19세기

✦

아이가 과제를 하지 않는다고요?

안 하는 것이 아니라

못하는 것이라 생각하세요.

안 한다는 생각을 하면

짜증만 올라옵니다.

오늘의
단어

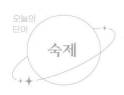

숙제

어른이 되어서도
늘 풀리지 않는 것,
밤을 설친다.

19 October

재임스 티소James Tissot,
10월, 1877년

지식을 아이들에게 전달하는 것은 좋은 선생님이세요.
아이들 스스로가 배울 수 있는 능력을 가지고 있다는 사실을
믿게 하는 것도 좋은 선생님이세요.
그러니까, 선생님은 좋은 선생님이세요.
아셨죠?

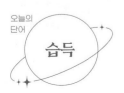

오늘의
단어

습득

지식을 얻는 것과 물건을 줍는 것은
사실 같은 표현을 쓴다.

✦

성경을 보면요,
기원전(BC)에는
잘못을 하면 벌을 받았습니다.
그런데 기원후(AC)에는
잘못을 하면 용서하기 시작했어요.
여러분은 BC와 AC,
어느 시대를 살아가고 있나요?

오늘의
단어

용서

세상에서 가장 어려운 것 중에 하나지만
하고 나면 마음이 편한 그것.

제임스 티소James Tissot,
국화, 1874~1876년

지혜는 해야 할 일과 하지 말아야 하는 일을 구분하는 것입니다.

부모는 보육과 훈육을, 교사는 교육을 합니다.

이 역할의 구분이 명확하게 없다면,

학부모는 교사에게 더 많은 것을 바라게 됩니다.

교사는 모든 것을 해낼 수가 없습니다.

오늘의
단어

복도

어른이 되어도 가끔은 뛰어가고 미끄러지고 싶은 곳.

메리 카사트Mary Cassatt,
보트 놀이, 1893~1894년

아이들에게 어떤 일이 생기면,
"왜 그래?"라고 말하지 마세요.
오늘 처음 만난 문제인 듯 호기심을 가지고
"무슨 일인데?"라고 물어보세요.
아이들의 생각을 깊고 넓게 만드는 대화는
'What'으로 시작합니다.

오늘의
단어

What

영어를 배울 때
가장 먼저 배우는 단어 중 하나이지만,
오랜 시간 숙제가 되는 단어.

17 October

아이 일기장에 적어준
선생님의 격려 한 문장이
그 아이의 삶을
좋은 방향으로 바꿀 수 있답니다.

오늘의
단어
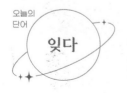
잊다

서서히 기억에서
사라지는 게 아니라
기억과 기억에 묻히는 것.

15 March

"수업에 좀 더 집중하려면 어떻게 해야 할까?"

"딴 생각이 들면 어떻게 해야 다시 집중할 수 있을까?"

아이들의 문제 해결력을 키우는 대화는 'How'로 시작합니다.

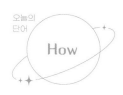

오늘의
단어

How

어떻게 사랑해야 하나,
어떻게 이별해야 하나,
어떻게 살아야 하나.

16 October

상대의 행동을 이끌어내기 위한 목적으로 칭찬을 사용하면
칭찬은 독이 되기도 합니다.
칭찬에 익숙해진 아이가 타인의 눈치에 민감해지고
자신의 내적동기를 상실해버리기 때문입니다.

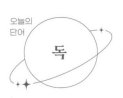

오늘의
단어

독

말은 때때로 이것이 되어
마음을 병들게 한다.

빈센트 반 고흐Vincent van Gogh,
아이리스, 1890년

아이를 격려하고 싶다고요?

그저 관찰한 것을 말하세요.

"지영이가 오늘

수업에 집중하는 것을 보았어."

그것만으로도 충분합니다.

"지영이 착하다."라고 말하는 것은

과유불급입니다.

오늘의
단어

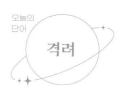

격려

주저앉을 때,
한 발 더 나가게 하는 힘.

15 October

아이들은 알까요?
선생님에게도 선생님이 있었다는 사실을요.
가끔은 예전 선생님 얼굴을 떠올려보세요.
가을이니까요.

오늘의
단어
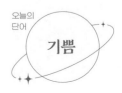
기쁨

항상 그럴 수는 없지만,
되도록 그러고 싶다면
웬만하면 얻을 수 있는 것.

빈센트 반 고흐Vincent van Gogh,
아이리스, 1890년

아이들이 옆 반과 피구 시합에서 졌다면
어떻게 말해줘야 할까요?
"선생님이 괜찮다는 말 하지 않을 거야,
왜냐하면 괜찮지 않으니까.
그리고 너희들이 이기고 싶었으니까.
다만, 고개 들고 어깨를 펴, 최선을 다했다면"

오늘의
단어
승부

이기고 지는 일은 중요하지 않다.
다만 최선을 다했느냐가 중요할 뿐이다.

선생님! 이번 일의 결과, 기쁩니다.

노력한 결과예요. 잘 알고 있습니다.

아무도 그 노력을 몰라준다고 생각하지 마세요.

그 생각을 하는 순간부터 삶이 막막해져요.

남이 어떻게 보든,

선생님은 충분히 노력하셨어요.

그것만으로도 이미 완벽합니다.

오늘의 단어

결과

쓸모 없는 이것은 없다.

카스파 다비드 프리드리히Caspar David Friedrich,
뤼겐의 백악암 절벽, 1818년

빈센트 반 고흐Vincent van Gogh,
유리컵 속의 아몬드 꽃 가지, 1888년

자기 확신이 없는 사람은 다른 사람에게서 답을 찾으려고 합니다.

신중한 사람은 자기 안에서 답을 천천히 찾아갑니다.

그렇게 답을 찾다보면 어느 순간,

무엇이 문제인지 확신이 들 때가 있어요.

삶의 문제 대부분은 그렇게 해결됩니다.

오늘의
단어

확신

너무 강하면
상대의 말이 귀에 들어오지 않는 그것.

13 October

다른 선생님과 자신을 비교하며
경쟁 상대로 여기면 힘들어요.
동료는 협력 대상입니다.
도움이 필요할 때는 말하세요.
그렇게 자기를 완성하고,
그렇게 위기를 헤쳐나가는 것입니다.

오늘의
단어
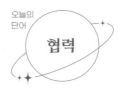
협력

아름다운 세상,
싸우며 가는 것보다
함께 가는 것.

빈센트 반 고흐Vincent van Gogh,
협죽도, 1888년

과제를 다 했다고 들고 오는 아이에게
"다 했니?"라고 묻지 마세요.
대신 이렇게 말해주세요.
"무엇을 새로 알게 되었니?"
"오늘 알게 된 것이 신기하거나 도움이 되었니?"
"좀 더 해보고 싶은 것이 생겼니?"

오늘의
단어

보다

보다 나은 인생,
보다 나은 말,
보다 나은 질문.
이것을 잘 고민하면 관계가 풀린다.

12 October

큰 실패 없이 여기까지 왔어요.

그래서인지 인생이 여기서 잘못될까봐,

실패할까봐, 두려울 수도 있어요.

하지만 기억하셔야 해요.

실패와 성공이 중요한 게 아니에요.

선생님에게는 선생님만의 여정이

아직 많이 남아 있습니다.

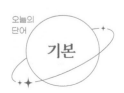

오늘의
단어

기본

삶을 단단하게 하는 것부터가 먼저다.

20 March

오늘은 아이들에게 순공 이야기를 해볼까요?

"애들아 순공이 뭔지 아니? 순수공부 시간이야.

수업시간에 딴 생각하지 않고 진짜 집중하는 시간,

몰입해서 하는 순간이 순공이야.

선생님은 수업 시간 중에서 3분 정도는 순공 시간을 줄 거야."

오늘의
단어

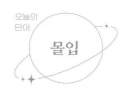

몰입

사랑에 몰입하면
아무것도 보이지 않듯이.

 **11** October

참 이상하죠.
가을이 되면 멀쩡하던 마음에서도
낙엽 지는 소리가 들리는 것 같죠.
잘못된 게 아닙니다.
그것은 복잡한 마음의 치유입니다.

오늘의
단어
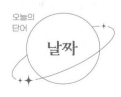
날짜

다시는 오지 않는
일생의 단 하루

빈센트 반 고흐Vincent van Gogh,
녹색 밀밭의 아베르, 1890년

오늘은 아이들과 진공 이야기를 나누어 볼까요?

"유튜버가 되고 싶은 사람 있지?

유튜버가 되기 위해서는 다양한 경험을 하고

다른 유튜버의 영상을 보겠지?

하지만 자신이 영상을 만들고 올리지 않는다면

유튜버가 될 수 없어.

진공은 진짜 공부, 유튜버가 되는 과정이야.

배운 것을 내 생각으로

글쓰기를 하거나 그림을 그리거나 창조하는 과정이란다."

오늘의
단어

경험

오래 산다고 쌓이는 게 아닌
제대로 살아야 제대로 쌓이는 그것.

10 October

오늘은 선생님께 이 말 한마디를 전하고 싶어요.
"선생님, 누가 뭐라 하든 지금 잘하고 계세요."
선생님, 이 말을 동료 선생님에게도 해주세요.

오늘의
단어

자존감

그렇게 믿는 게 아니라,
실제로 나는 품위 있는 사람이다.

주세페 아르침볼도Giuseppe Arcimboldo,
가을, 1573년

우산을 챙기라고 했는데, 안 챙기고 비를 맞은 아이가 꼭 있어요.

"우산 챙기라고 몇 번이나 이야기했니?"라고 비난하지 마세요.

아이는 자연적 결과로 배우니까요.

비가 올 때 우산을 쓰지 않으면

비를 맞는다는 것을 과정으로 깨닫게 된답니다.

오늘의
단어

결과

끝이 아닌 과정.

9 October

마음속 폭풍이 지나간다고 해서,
모든 일이 해결되지는 않을 거예요.
우리가 할 수 있는 일은
거센 바람에 날아가지 않게
세상을 꼭 붙잡고 있는 것이겠지요.
알고 있어요, 힘든 일이라는 걸.
알고 있어요, 쉽지 않은 일이라는 걸.
우리가 할 수 있는 일이 있어요.
동료에게 먼저 손을 내밀어주는 것.

오늘의
단어
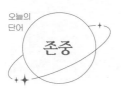 존중

자신을 돋보이게 하는 방법.

존 에버렛 밀레이John Everett Millais,
가을 낙엽, 1856년

빈센트 반 고흐Vincent van Gogh,
노란 하늘과 태양이 있는 올리브 나무, 1889년

아이들은 밥을 제때 먹지 않으면
배가 고프다는 사실을 알고서야
밥을 제때 먹어야겠다고 다짐합니다.
안쓰럽다고 중간에 간식을 주면
아이들은 온전하게 자연적 결과를
배우지 못해요.
"다음 식사 시간은 6시란다."
이렇게 부드럽게 이야기를 해주세요.

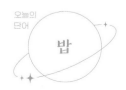

오늘의
단어

밥

사는 건 어쩌면
먹고사는 일이 전부.

8 $\mathcal{O}$ctober

클로드 모네Claude Monet,
주포세의 가을, 1884년

가을은 가장 짧은 계절입니다.

낙엽도 순식간에 지고,

가을 하늘도 잠깐 사이에 물러갑니다.

여름과 겨울 사이를,

그 엄청난 간극 사이를,

오늘은 오래 걸어보세요.

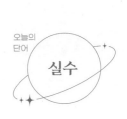

오늘의
단어

실수

다시 반복해도 실수를 반복하면
더는 실수가 아니라 나 자신이다.

24 March

빈센트 반 고흐Vincent van Gogh,
프랑스 소설 더미, 1887년

자연적 결과로 배울 수 없는 것이 있습니다.
양치를 하지 않으면 그 결과를 경험하는 데
너무 오랜 시간이 걸리죠.
이럴 때는 어른들의 개입이 필요해요.
지각한 아이에게, 존중하는 태도로
"40분을 채우려면 지각한 5분의 시간만큼
더 공부하고 가는 거야."라고 말하는 식으로요.
이것을 논리적 결과라고 부릅니다.

오늘의
단어

개입

어떤 순간, 어떤 타이밍에
당신의 삶에 내가 들어가야 할까.

그냥 쥐도 될 연필에 문구를 새겨 아이들에게 선물합니다.

무슨 일을 하든 정성을 다하는 선생님이 참 고맙습니다.

다른 사람들은 모를 수도 있어요.

그것을 받는 아이들도 모를 수도 있어요.

하지만 언젠가는 모두 기억하게 됩니다.

그럴 수밖에 없어요.

그게 인생이니까요.

오늘의
단어

태도

이것이
사람을 만든다.

'망쳤다.'는 결과의 언어이고
낙담의 언어입니다.
'다시 하고 싶다.'
'아직 마음에 들지 않는다.'는
과정의 언어, 희망의 언어입니다.

오늘의
단어

망치다

엉망인 하루는 없다.
망친 하루도 없다.
그것은 과정이다.

빈센트 반 고흐Vincent van Gogh,
신발, 1888년

6 October

자기 자신만
완벽하지 않은 선생님일 것이라고
생각하나요?
그런 그릇된 관념은 버리세요.
그래서 격려라는 게 있는 것이에요.
완벽할 수 없다는 사실을 인정할 때,
스스로도 격려할 수 있습니다.

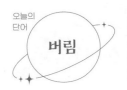

오늘의
단어

버림

버리고 싶은 감정을
과감히 쓰레기통에
던져놓고 싶을 때,
그러고 싶을 때.

산드로 보티첼리Sandro Botticelli,
봄, 1481~1482년

✦

"왜 또 그랬니?"라는 말보다
"어떤 마음이었니?"
질문을 먼저 해요.
이게 긍정훈육의 시작입니다.

오늘의
단어
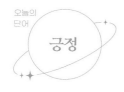
긍정

오늘 하루는
어제보다 나은 하루가 된다. 분명.

로렌스 알마 타데마Lawrence Alma-Tadema,
웅변적인 침묵, 1890년

소중한 사람에게는 가장 소중한 것을 내어주게 마련입니다.
사람에게 가장 소중한 것은 시간입니다.
하루에 여덟 시간,
선생님은 그 소중한 시간을 아이들에게 나눠주고 있습니다.

오늘의
단어

사실

굳이 이 단어를 쓰지 않아도,
당신의 말은 사실이다.

어떤 일을 해낸 다음에
사탕 같은 보상을 요구하는 아이가 있나요?
이렇게 말해보세요.
"사탕은 길어야 5분 동안 기분이 좋아지는데,
더 오래 기분 좋은 다른 보상을 말해줄래?"

오늘의
단어

월급날

그날만 기다리면
다른 날들은 고생이 가득하다.

4 $\bigcirc$ctober

화가 나 있는 상황에서는
무엇도 이룰 수가 없어요.
우리에게는 회복할 시간이 필요해요.
회복이 된 후에 다시 생각하면,
아무것도 아닐 수도 있어요.
그래도 화가 난다면,
진지하게 문제가 무엇인지 파악해봐요.

오늘의
단어

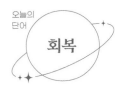

회복

상처가 흉터가 될 때,
그 생채기가 추억이 될 때.

28 March

친절하며 단호한 표현(감정확인형):
"때로는 수업이 어렵고 힘들 수 있어.
차근차근 단계별로 공부해보자."

오늘의
단어

계단

천천히 천천히 한 계단씩 오르면
그곳에 갈 수 있다.

아서 암스트롱Arthur Armstrong,
강아지와 꽃을 든 두 자매, 1842년

3 October

물이 낮은 곳으로 흘러가듯

선생님 마음도 부족한 학생에게 더 흘러가나요?

사람 마음이 그렇지만 교실은 공평해야 평화롭습니다.

오늘의
단어

기분

이것은 굴곡이다.

29 March

친절하며 단호한 표현(이끌어주기):
"여러분 중에서 몇몇은
여기 앉아 있는 것보다 체육을 더 하고 싶겠지?
목요일 체육을 즐겁게 하기 위해
지금은 생각과 마음의 힘을 키우는 공부 열심히 하자."

오늘의
단어

체육

아이들은 가장 좋아하고
선생님은 부담스럽다.

아이들의 기분을 망쳐 놓아야
아이들이 잘 할 거라는 잘못된 생각은
어디에서 왔을까요?

_제인 넬슨

오늘의
단어

생각

너무 무한해서 가끔
'나'밖에 보이지 않는 이것.

30 March

친절하며 단호한 표현(제한된 선택 상황):

(상황이 생겨 청소를 할 수 없는 상황에서)

"점심을 먹고 청소를 빠르게 미리 하거나,

친구에게 부탁할 수 있단다."

(만약 이 두 가지 중에서 아이가 원하는 것이 없다면,

선생님과 청소 당번 모두가 동의할 수 있는 것을 제안한다.)

오늘의
단어

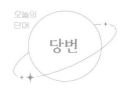

당번

오늘과 내일, 모레와 글피, 내가 할 일들.

1. 선생님은 때때로 너무 친절하다가 단호해지나요?
2. 처벌이 존중하지 않는 방식이기 때문에 지나치게 친절하나요?
3. 당신의 아이들이 벌을 받지 않으면 버릇없는 아이가 될까봐
지나치게 단호한가요?
4. 처벌과 허용적인 훈육을 하는 스스로를 발견할 때 좌절하나요?

긍정훈육 도구들은 지나치게 친절하지도,
지나치게 단호하지도 않습니다.

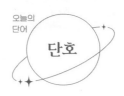

오늘의
단어

단호

아침밥을 먹기로 결심하다.
운동을 하기로 마음먹다.

빅토르 샤르통Victor Charreton,
프랑스 안마당, 19세기

I message보다 아이 메시지입니다.

I message: "비난하는 말을 들으니
　　　　　선생님 마음이 불편해.
　　　　　정중한 표현으로 요청하렴."

아이 메시지: "보다 좋은 언어를 쓰면
　　　　　보다 멋진 사람이 된단다.
　　　　　선생님은 네가 소중하기에
　　　　　꼭 네가 바른말을 사용했으면 해."

오늘의
단어

메시지

주고받아야 말이 되는 그것.

10 OCTOBER

마음 깊은 곳까지
물드는 시간들.

✤ 에드워드 오쿤, Edward Okuń, 단풍, 1912년

4 APRIL

올해만큼은 꽃피는 줄 모르고
봄날을 보내지 마세요.

피에르 보나르Pierre Bonnard, 르그랑렘스, 1909년

빈센트 반 고흐Vincent van Gogh,
세인트 폴 병원 정원(낙엽이 떨어지다), 19세기

어떤 아이에게 미운 마음이 든다면,

어떤 해결책도 잘 통하지 않아요.

그럼 생각의 대화가 아닌 마음의 대화를 시도해보세요.

"_____아, 요즘 학교 생활은 어때?"

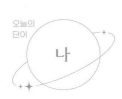

오늘의
단어

나

단 하나의 우주.

1 April

아서 존 엘슬리Arthur John Elsley,
최고의 선택, 1908년

학생들은 교육을 받을 권리,
교사는 교육을 할 권리가 있습니다.
따라서 아이들이 다툴 때는
중재자가 아닌 교육자가 되어요,
우리.

오늘의
단어

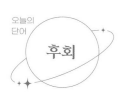

후회

꽃이 피고 지는 것도 모른 채 지나갈 때.

피터 폴 뮐러Peter Paul Müller,
너도밤나무 숲의 늦가을, 19세기경

정답은 하나이지만, 해답은 여러 개일 수도 있어요.
선생님, 혹시 정답만 내려고 지쳐가지 않나요?
그럴 때는 해답이 여러 개일 수도 있다고 생각하세요.
느리게 풀어가면 어때요.
어차피 한곳에서 만나게 될 텐데요.

오늘의
단어

종점

사람은 각자의 방향으로
각자의 종점으로 걷는다.

2 April

시험을 치르기 전에
아이들 먼저 설득하면 좋아요.
"한 번에 어려운 시험을 보는 것보다
어렵지 않은 쪽지시험을 자주 보면
실력이 늘어요."

오늘의
단어

시험

어른이 되어서도
매일 풀어야 하지만,
답은 없는 것.

28 September

칭찬과 훈육을 할 때는 사람에 초점을 두지 마세요.

행동에 초점을 두세요.

수업 시간에 떠드는 아이 이름을 말하지 말고,

"수업 시간에 소리를 내는 것이 방해가 돼요." 이렇게 말해보세요.

오늘의
단어

숨결

당신이 숨 쉬는 속도, 숨의 높낮이까지
기억하고 싶을 때.

3 April

시험을 치르고 어떤 말을 해야 할까요?
"노력한 모습이 시험지에서 엿보이는구나."
"선생님이 설명한 것을 기억했구나."

오늘의
단어

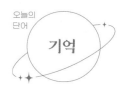

기억

기억이 틀릴 수 있음을 인정하면,
오해가 줄어든다.

때로는 목소리 톤을 바꾸는 것만으로도 효과를 낼 수가 있어요.

중요한 말을 할 때 목소리 톤을 바꿔보세요.

어른들도 그러잖아요.

행복할 때, 슬플 때 삶의 톤이 달라지잖아요.

오늘의
단어

채도

우리는 각자의 채도를 가지고 살고 있다.

4 April

그 아이가 되어보는 좋은 질문이 있습니다.
아이가 되었다고 생각하고 스스로에게 물어보세요.
"친구들이 나에 대해 좋아하는 한 가지는?
선생님이 나에 대해 좋아하는 한 가지는?"

오늘의
단어

좋다

나는 네가 좋다. 나는 오늘 하루가 좋다.
말만으로 용기가 나는 단어.

장 오노레 프라고나르Jean-Honoré Fragonard,
독서하는 어린 소녀, 1770년

교정 전 교감이 먼저입니다.

안부를 묻는 말이나 학생이 잘 하고 있는 점을 먼저 말하고,

선생님의 용건이나 아이가 고쳤으면 하는 점을 말해보세요.

다정하고 당당하게 말이에요.

오늘의
단어

행동

함께 이것을 하면,
세상이 바뀐다.

5 April

때론 한 단어로 말해봐요. 연필! 공책!
불필요한 말을 줄이면
메시지가 효과적으로 전달되고 힘도 줄일 수 있습니다.

오늘의
단어

메시지

문자보다 말로 전하면,
관계가 달라진다.

25 September

"선생님은 네가 최선을 다하는 것을 봤어."

"선생님은 네가 친구를 돕는 것을 봤어."

"선생님은 네가 자리를 깨끗하게 정리하는 것을 봤어."

우리도 선생님이 그 자리에서

묵묵히 할 일을 하는 모습을 봤습니다.

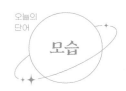

오늘의
단어

모습

인생의 가장 마지막 순간에
마주쳐야 할 나는 어떤 모양일까.

6 April

약속을 지키게 하는 4단계 방법.

1. 사실 말하기: 책을 안 펼친 친구가 두 명 있어.

2. 약속 확인: 책을 언제까지 펴기로 약속했을까?

3. 말하지 않고 스스로 통제하게 하기.

4. 준비가 끝나서 선생님이 수업에 집중할 수 있겠어.

기다려준 친구들도 고마워.

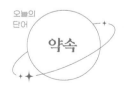

오늘의
단어

약속

"그래, 언제 한 번 밥 먹자."
어쩌면 가장 슬픈 약속.

24 September

애쓴 만큼 아이들이 변하지 않는 것 같나요?
아니에요. 가을이 되어 산이 붉게 물이 들 듯,
아이들에게도 선생님의 노력이 스며들었을 거예요.
노력은 그렇게 물들어 갑니다.

오늘의
단어

물들다

마음과 마음이 서로 닮아가는 것.

7 April

감정확인: 선생님, 오늘 마음은 어떤가요?

감정공감: 아침 마음이 분주하군요.

잠시 연구실에 들러 차 한 잔 마실까요?

오늘의
단어
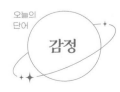
감정

선생님은
감정의 쓰레기통이 아니다.

23 September

규칙을 어기고 공놀이를 한 아이에게 무서운 얼굴로
"앞으로 이렇게 하면 공놀이 못하게 할 거야?"라고 말하는 것보다
"공놀이에 대한 학교 규칙이 뭐였죠?"라고 물어본 후
오늘은 공놀이를 할 수 없다고 말한 뒤에, 다음 날 공을 줘보세요.

오늘의
단어

무서움

대부분 아직 겪지 않은
일들에 대한 감정들.

협력 요청은 피드백과 함께 해요.

피드백: 지난번에 친구들이 나서서

　　　청소를 도와줘서 교실이 깔끔해졌어.

　　　고마워.

협력요청: 오늘 정리할 것이 있는데 도와줄 친구?

오늘의
단어

정리

가끔은 책상을 정리하다가
복잡한 마음도 정리가 된다.

22 September

앙리 루소Henri Rousseau,
파리 주변 풍경, 1900년

아이들 목소리가 너무 큰 것이 불편한가요?

정확한 기준을 알려주는 것은 어떤가요?

"지금 선생님이 이야기하는 정도가

교실에서 함께 지낼 때 적당한 목소리입니다.

이 정도의 목소리 크기로 이야기해주세요."

오늘의 단어
크기

그 사람에게 화가 난다고 그릇이 작은 사람이 아니다.
당장 그 그릇에 수도 없는 감정이 담겨 있다.

9 April

에델 마스Ethel Mars.
우리 마을의 아이들 pl 2. 1902년

보상과 일과는 구분해요.

보상: 너희들이 열심히 하면

　　선생님이 상으로

　　체육 한 시간을 추가한다!

일과: 손을 씻고 밥을 먹는 거란다.

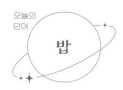

오늘의
단어

밥

삶은 밥 먹고 사는 일.

교사의 말은 단순하고 간결해야 합니다.

짧게 말하고 문제에 초점을 둬보세요.

지시하는 것보다 상황을 설명하면 좋습니다.

"이거 정리해!"는 지시입니다.

"이제 정리할 시간이야."는 상황 설명입니다.

오늘의
단어

초점

나머지 힘든 문제를
짊어질 수 있게 하는 어떤 목표.

10 April

동료 선생님보다 못하다는 평가가 두렵나요?
일어나지 않는 일을 두려워하며
스스로를 괴롭히지 마세요.

앙리 루소Henri Rousseau,
폭포, 1910년

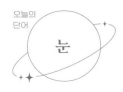

오늘의
단어

눈

당신의 눈을
가만 바라보는 것만으로도
힘이 난다.

잘못한 것을 알고 인정하는 것은 용기입니다.

잘못한 것을 알고도 우기는 것은 부끄러움입니다.

잘못한 것을 아이들에게 인정하는 것은
용기를 선물하는 행동입니다.

오늘의
단어

지지

당신의 틀린 말을 인정하는 게 아니라,
당신이 틀린 말이라도 할 수 있는
그 세상을 인정하는 것.

11 April

한 반에 한 명은
꼭 선생님을 힘들게 하는 아이가 있습니다.
오늘 하루만이라도
그 아이를 반가운 눈빛으로 봐주세요.
어쩌면 그 아이를 반가운 눈빛으로 환대하는
유일한 사람이 선생님일 수 있어요.

오늘의
단어
한 사람

누군가에게
한 사람이 된다는 것만큼이나
위대한 일은 없다.

19 September

규칙을 정하기 전 더 중요한 것은 한계입니다.
교실에서 함께 정할 수 있는 한계를
반드시 설정해야 합니다.
그렇지 않으면 지키지 못할 규칙이나
누군가에게 불편한 규칙을 정하게 되니까요.

오늘의
단어

한계

우주에도 끝이 있다.
한계가 없는 사람은 없다.
그러므로 한계를 인정한다.

아이들이 긍정적인 태도로 배우게 하는 비법이 있습니다.

학교와 선생님에 대한 신뢰를 가지게 하는 건데요,

우리 학교의 좋은 점과 선생님들의 훌륭한 점을

때때로 아이들에게 말해주세요.

아이들은 모를 수도 있어요.

어른들도 말하지 않으면 모르잖아요?

선생님을 신뢰하는 신념에서부터 아이는 배움을 시작합니다.

오늘의 단어

신뢰

자신을 먼저 신뢰하지 않으면,
아무도 나를 믿지 않는다.

18 September

아이의 잘못된 행동에 화를 냈나요?
걱정 마세요.
훈육의 절반은 성공한 것이에요.
수업의 질서를 유지할 필요가 있었고,
올바른 것을 분명하게
가르칠 필요가 있었으니까요.

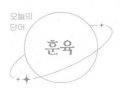

오늘의
단어

훈육

어렸을 적에 그 소리 듣던
'그때가 좋았지'라는 생각이 들 때,
우리는 늙어간다

13 April

아이들이 다툴 때, 이런 방법을 사용해보세요.

"소중한 너희 둘이 다투니 선생님 마음이 좋지 않구나.

너희들이 존중하면서 서로가 동의할 수 있는

해결책을 찾길 바란다.

사람은 싸우면서 크는 것이 아니라

해결하면서 크는 거란다."

오늘의
단어

싸움

내 편은 내가 먼저 들어야 한다.
그러지 않으면 외롭다.

17 September

빈센트 반 고흐Vincent van Gogh,
낮잠, 1890년

✦✦

단호함이 없는 친절함은 방임입니다.
아이를 혼란스럽게 합니다.
친절함 없는 단호함은
권위주의적으로 교육하게 됩니다.
교육에도 적당한 거리가 필요합니다.

오늘의
단어

권위

하루만이라도
이것이 없는 세상에서
살고 싶은 생각이 간절하다.

14 April

에드워드 에킨스 호넬Edward Atkinson Hornel,
봄꽃, 1919년

엎드려 있는 아이를 보며
'무기력한 아이구나.' 또는
'책임감이 없는 아이구나.'라고
판단하지 말아주세요.
그저 다른 것에 더 관심이 있거나
공부보다 더 시급한 것이 있을 수 있겠죠.
그런 이해하는 마음으로 단호하게 대해주세요.

오늘의
단어

무기력

힘이 빠지는 순간,
어쩌면 내 관심은
다른 데에 있을 수도 있다.

아서 존 엘슬리Arthur John Elsley,
새 드레스, 1912년

학생에게 꼭 필요한 4가지 능력.

1) 자신의 감정을 이해하고 조절하는 능력.

2) 친구들과 의사소통, 협력, 타협, 공감하는 대인관계 능력.

3) 책임감, 적응력, 유연성, 성실성 등의 상황대처 능력.

4) 도덕적 기준에 따라 상황을 판단하는 판단 능력.

오늘의
단어

판단

옳고 그름의 기준에 따라 생각의 방향을 결정하는 것.

15 April

변화를 이끄는 마법의 시간, 3초 침묵.
"여러분 때론 수학이 힘들고,
또 왜 해야 할지
이해가 가지 않을 수도 있어요.
선생님도 그런 순간이 있었고요. (3초)
오늘도 최선을 다합시다."

오늘의
단어

최선

최고는 결과,
최선은 태도.

15 September

학생에게 꼭 필요한 3가지 자기인식.

1) 자신에 대한 긍정적인 인식:

　　나는 능력이 있다.

2) 자기 존재의 중요성에 대한 인식:

　　나는 의미 있는 도움을 주며 꼭 필요한 사람이다.

3) 나의 영향력에 대한 인식:

　　내 결정은 나와 학급에 긍정적인 영향을 미친다.

오늘의
단어

능력

당신의 잘못까지 감당할 수 있는 힘.

16 April

하수는 남을 고치려 하고,
고수는 스스로를 먼저 조절합니다.
스스로를 조절하는 첫걸음은 바로
호흡을 조절하는 것이에요.

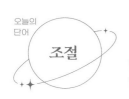

오늘의
단어

조절

힘으로만 줄다리기를 한다고 해서 이길 수는 없다.
힘을 빼야 이길 수 있을 때가 있다.

14 September

Try It vs Do It.

'Try it'은 시도한다는 뜻이지만,

지금 하지 않겠다는 뜻도 담고 있어요.

하지만 'Do it'은 한다는 뜻입니다.

아이들에게도 "앞으로 이렇게 할 거야."라는 말을

너무 많이 하지 마세요. 그냥 하시면 돼요.

Just do it.

오늘의
단어

격려

출근할 때, 거울에 비친 얼굴이 매일 하는 말.

17 April

스스로 조절하는 호흡 연습.

3초간 숨을 들이마시고, 3초를 멈추고,

다시 3초를 내뱉고, 3초간 숨을 멈춥니다.

연습이 되면 4초, 5초로 늘려갑니다.

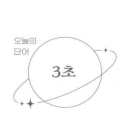

오늘의
단어

3초

인생을 바꾸는 데는
3초면 충분하다.

제임스 티소James Tisso,
해먹, 1880년

선생님이 지금 가지고 있는 문제를

당장 해결하려고 하지 마세요.

한번에 해결되는 문제는 없어요.

차근차근 풀지 않으면 선생님은 무너져요.

그 무너지는 모습을 볼 때마다 우리는 슬퍼요.

오늘의
단어

무너지다

차곡차곡 마음속에 쌓아올린 감정이 무너졌을 때,
그 폐허에서 새로운 감정이 생길 때.

하지 말아야 하는 말 '음…', '어…'

말을 하다가 다음 말이 생각이 나지 않거나 긴장을 하게 되면

보통 '음…', '어…'라고 무의식적으로 말하게 됩니다.

그럴 때는 그냥 잠시 생각을 정리하고 난 뒤에 말하면 됩니다.

오늘의
단어

싫은 말

내가 듣고 싶지 않은 말은
상대도 듣고 싶지 않다.

구스타브 칼리보트Gustave Caillebotte,
마루를 대패질하는 인부들, 1875년

한번에 모든 문제를 해결하려고 하면
위험과 만나게 됩니다.
문제를 한번에 해결하려는 아이에게
문제를 해결하는 방법을 천천히 익히게 해주세요.
문제해결은 속도가 아니라 방향입니다.

오늘의
단어

천천히

'괜찮아, 느려도 괜찮아.'라고
이야기해주는 것.

19 April

쉬지 않고 수업할 필요는 없어요.
선생님이 잠시 생각하는 사이,
아이들도 잠시 생각하거나 쉴 수 있답니다.
아이들에게 생각이 쉴 수 있는 시간을
허락하세요.

오늘의
단어

잠시

생각을 바꾸는
마법의 단어.

11 September

✦

아이가 신호를 보냈는데, 리액션을 받지 못하면,
아이는 현실 세계에서 부정적인 방법으로 신호를 보내요.
에너지가 된다면 가끔 선생님처럼
이 세상을 힘겹게 살아가는 아이들에게 반응해주세요.
그럼 아이의 부정적인 신호가 줄어들 거예요.

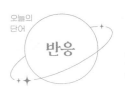

오늘의
단어
반응

자극이 익숙해질 때조차
익숙해지지 않은 대응들.

조지 바르비에Georges Augustin Barbie,
르 쁘렝땅(봄), 1922-1926년

아이들에게 화를 낸 자신의 모습에 후회 중인가요?
마음에 스트레스를 담을 공간이 더는 없어
흘러넘쳤다고 생각하세요.
스스로 자책하지 말고, 오히려 자신을 위로해주세요.
그게 옳은 일입니다.

오늘의
단어

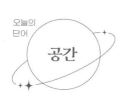

공간

무엇으로 채워 넣을지
오롯이 자신에게 달려 있다.

피터르 브뤼헬Pieter Brueghel de Oude,
수확하는 사람들, 1565년

남이 웃으면 나도 웃고
남이 울면 나도 슬퍼집니다.
이것을 거울이론이라고 말합니다.
선생님이 즐겁다면 아이들도 즐겁고,
선생님이 화를 내면
아이들도 화를 내고 있어요.
선생님, 힘들고 지쳤을 때,
거울을 보고 웃어보세요.
마음도 따라 웃습니다.

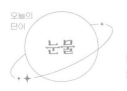

오늘의
단어
눈물

울고 싶을 때, 울어야 할 때, 울 때…
우리는 한참 쭈그려 앉았다가 간다.

줄리어스 르블랑 스튜어트Julius LeBlanc Stewart,
봄꽃, 1890년

교실이 통제가 되지 않는다고요?

먼저 스스로를 믿으세요.

그러면 얼굴에서 여유와 자신감이 묻어납니다.

그다음 평소보다 조금 천천히,

조금 낮은 목소리로 말해보세요.

오늘의
단어

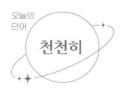

천천히

빨리 가는 것보다 더 어려운 것.
천천히 가는 연습이 필요하다.

9 September

아이들에게 창밖을 자주 바라보게 하세요.

꽃이 피고 지는 모습을,

매미가 우는 소리를,

낙엽 굴러가는 소리를,

눈 날리는 풍경을

바라보게 하세요.

철을 알면 철이 듭니다.

선생님도 마찬가지예요.

아무리 바빠도 철이 지나가는 모습을 바라보세요.

오늘의
단어
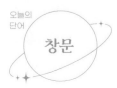
창문

멍하니 바라만 봐도
슬며시 생기는 여유.

22 April

줄리어스 르블랑 스튜어트Julius LeBlanc Stewart,
첫 봄, 1890년

벌써 올해도 망했다고 생각이 든다면,

그래서 교직을 떠나고 싶다면 이렇게 생각해보세요.

'내 마지막을 이렇게 끝낼 수는 없어.

후회 없는 일 년을 보내보자.'

그러면 남은 시간이 터닝포인트가 될 수 있습니다.

오늘의
단어

전환점

나에게 늘 찾아오지만,
내가 선택하지 않으면 결코 가질 수 없는 것.

가끔 운동장에서 공을 차고 노는
아이들 소리가 부러울 때가 있어요.
돌아가고 싶어도 갈 수 없는 그것을
우리는 추억이라고 부릅니다.

오늘의
단어

추억

장롱 가장 깊은 곳에 두고는 잊고 있었던,
가장 아껴 입었던 옷.

23 April

밸런스 게임 하시죠?

둘 중에 더 힘이 되는 말을 선택하세요.

고마워. vs 힘내.

응원할게. vs 괜찮아.

넌 참 편안해. vs 넌 참 소중해.

오늘은 아이들과도 밸런스 게임 어떨까요?

오늘의 단어

어쩌면

일어나지 않을 수도 있지만,
일어날 수도 있는 것.
되도록 긍정적으로 행동하면
세상이 달라진다.

7 September

앙리 루소Henri Rousseau,
비체트르 근처의 브레네 은행, 1908~1909년

아이들이 뭔가 해냈을 때,

"잘했어."라는 결과에 대한 평가보다는

"선생님이 노력하는 것을 봤어."라는

과정이나 태도에 대한 관찰을 이야기하는 것은 어떨까요?

오늘의
단어

얼굴

잊고 싶어도 잊을 수 없는 사람이 있고,
매일 보지만 매일 보기 싫은 사람이 있다.

24 April

괜찮아. 괜찮아. 괜찮아.
오늘 하루 충분했어.

오늘의
단어

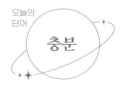

충분

부족하지 않고
적당하고
꽤 괜찮은 하루.

장 프랑수아 밀레Jean-François Millet,
만종, 1857~1859년

'그러나'에서 '그리고'로.

'그러나'는 앞의 말을 마치 뒤의 말을 하기 위해

하는 것처럼 들립니다. '그러나' 대신 '그리고'를 쓰는

연습을 해봐요. 듣는 사람의 집중도가 달라져요.

"얘들아, 지금까지 잘 해왔는데

오늘 수업 태도는 별로야."

vs

"지금까지 우리 반은 잘 해왔고,

오늘 좀 더 집중할 수 있을까?"

오늘의
단어

그러나

반박할 때, 쓸 수 있는 단어.
'그러나' 그럼에도 당신을 사랑할 때도 쓰는 것.

25 April

일을 마치면, 컴퓨터도 끄세요.
일에 대한 생각도 스위치를 내리세요.
이제 오롯이
자신을 위한 시간을 보내세요.
퇴근입니다.

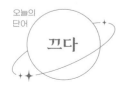

오늘의
단어

끄다

생각의 스위치를
잠시라도 내렸다가 올려보면
제법 근사하게 펼쳐지는 하루.

5 September

‘아름답다’의 ‘아’는 나 자신을 의미합니다.
즉, 나다운 것이 아름다움입니다.
누구의 하루가 아닌 오롯이 나만의 하루,
아름다운 하루 보내세요.

오늘의
단어

하루

누구나 가질 수 있는 시간들.
24시간, 1,440분, 864,00초.

빈센트 반 고흐Vincent van Gogh,
밤의 카페 테라스, 1888년

26 April

어쩌면 오늘 하루가
일생에서 가장 행복한 날입니다.

칼 라르손Carl Larsson,
휴일의 독서, 1916년

오늘의
단어

일생

내가 가장 빛나는 시간들.

브리튼 리비에르Briton Riviere,
동정심, 1878년

다른 사람의 눈으로 보고,

다른 사람의 귀로 듣고,

다른 사람의 마음으로 느끼는 것,

우리는 이것을 공동체 감각이라고 합니다.

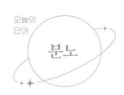

오늘의
단어

분노

슬픔의 다른 말.

27 April

어릴 때는 대학에 가면,

대학 때는 임용고시를 합격하면 행복할 것 같았습니다.

지금 그래서 행복하나요?

일을 그만두고 싶은가요?

교사를 일찍 관두고 다른 일을 하는 분이 이야기하더군요.

"교사를 할 때 행복했습니다."

오늘의
단어

사직서

더 나은 삶을 위한 나의 선택,
그러나 신중한 것.

바실리 칸딘스키Wassily Kandinsky,
스탠딩, 1930년

그림에서 어떤 모양이 눈에 들어오나요?

아이들에게도 어떤 모양이 눈에 들어오는지 물어보세요.

그리고 그 까닭을 물어보세요.

아이들에게 말해주세요.

"서로 다른 선택을 하는 우리들이 한 교실에서 함께 잘 지내기 위해서는
 다른 사람의 선택을 비난하지 말고 그 까닭을 물어보는 거랍니다."

오늘의
단어

당신

말하는 순간에는 오직 한 사람에게만 쓰는 단어.

같은 에너지라면

수업 자료를 검색하는 데 쓰지 않고

창조하는 데 쓰세요.

당신의 창조는 쌓여가고 있습니다.

오늘의
단어

에너지

늘 100퍼센트 충전일 필요는 없다.
적당한 양이면 충분하다.

안 되는 일에 대한 거절의
또 다른 이름은 사랑입니다.
물론 어려운 일이에요.
그러나 잠깐의 어려움을 이겨내면
내 자신을 편안하게 할 수 있어요.

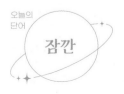

오늘의
단어

잠깐

길고 고단한 하루였지만, 지나고 보면 잠깐의 순간.
그 잠깐들이 모여 일생이 된다.

29 April

오늘의 질문.

'혹시 오늘도 다른 사람의 수업을 따라하고 있나요?'

오늘은 내가 잘하는 수업을 하면 좋겠습니다.

사람은 잘하는 것을 할 때 효능감을 느낍니다.

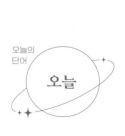

오늘의
단어

오늘

늘 특별할 필요는 없지만
당분간 꽤 괜찮았으면 하는 것.

이가 썩은 아이에게
지금 당장 기분 좋으라고
사탕을 주는 행동은 어른의 역할이 아닙니다.
이를 잘 관리하고 치료해서
사탕을 먹을 수 있는 상태를 만드는 것이
어른의 역할이지요.

오늘의
단어

사탕

달콤했던 그날의 기억들은 결코 썩지 않는다.

30 April

당신의 표정이 좋지 않습니다.

너무 애쓰지 마세요.

때론 혼자 힘으로 할 수 없는 일도 있답니다.

아니죠, 대부분의 일이 그래요.

혼자 끙끙 앓지 마세요.

부디.

오늘의
단어

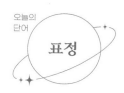

표정

인생의 얼굴.

9 SEPTEMBER

가을은 순식간에 왔다가
순식간에 지나갑니다.
그 순간을 놓치지 마세요.
구름과 바람과 단풍 그리고
그 소리들을요.

✦ 헨리 홈스Henry Holmes, 가을의 엉킴, 1920년

5 MAY

이번 달은 성과급이 들어오는 달입니다.
나의 성과에는 턱없이 부족하지요?
그럼에도 우리는 달려왔습니다.
수고하셨어요.

✿ 클로드 모네Claude Monet, 수련, 1907년

타임아웃은 아동학대가 아닙니다.
친구 사이에 갈등이 있을 경우나
교사 지시를 따르지 않을 경우,
교실의 특정 공간이나 학교에 정해진 장소에
교직원 안내에 따라 이동하는 것을
타임아웃이라고 말합니다.

오늘의
단어

저녁

저녁 있는 삶,
저녁이 오롯이 내 자신 것이 되는 삶.
끼어들면 안 되는 것.

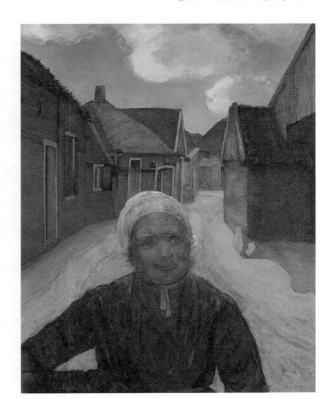

잘 바뀌지 않는 아이를 바꾸는 데
혹시 너무 많은 에너지를 쓰고 있나요?
선생님 스타일 대로 밀고 나가세요. 괜찮을 거예요.

오늘의
단어

스타일

세상에 하나밖에 없는
나만의 색깔.

피트 몬드리안Piet Mondriaan,
노랑, 검정, 파랑, 빨강, 회색이 있는 로젠지 작곡, 1921년

연습은 아동학대가 아닙니다.
이동할 때 줄을 서거나,
대피 훈련 등에서 줄을 서고
이동할 때 연습이 필요한 경우에
성공적으로 될 때까지
반복적으로 연습하는 것을 말합니다.

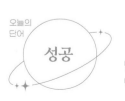

오늘의
단어

성공

당장 보일 것 같아도
막상 잡으려고 하면 잡히지 않는 것.

2 May

5월의 첫 주, 날은 슬슬 더워지고 아이들은 슬슬 떠들기 시작해요.
이제 슬슬 지쳐 갑니다.
그러나 곧 재량휴업일, 조금만 힘내요. 우리.

오늘의
단어

휴식

제자리에 멈추는 게 아닌
잠시 다른 길로 새는 것.

피트 몬드리안Piet Mondriaan,
여름, 질랜드의 모래 언덕, 1910년

글쓰기는 아동학대가 아닙니다.
잘못한 행동에 대해 일어난 일,
잘못한 점이나 개선할 점 등을 글로 쓰게 해
더 나은 행동을 할 수 있게
성찰하게 하는 행위를 말합니다.

오늘의
단어

반성문

더 크게 번지기 전에,
한 문장이면 된다. 죄송합니다.

3

May

때로는
행복을 추구하고자 노력하는 것을
잠시 멈추세요.
마냥 아무런 고민 없이
행복을 느껴도 괜찮습니다.

오늘의
단어

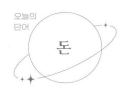

돈

많이 없어도 되지만
많이 없으면 불안한 그것.

28 August

교육적 피드백은 아동학대가 아닙니다.
모든 아이는 내적동기를 통해
학습에 참여하는 게 최선입니다.
하지만 발달단계를 고려하여
스티커나 점수 등을 이용하여
잘한 점과 개선할 점에 대해
학생들 앞에서 피드백하는 것을 말하지요.

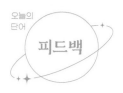

오늘의
단어

피드백

빨간 줄이 아닌,
제안.

야콥 코가노프스키Jakob Koganowsky,
여름날, 19세기

4 May

수업을 정리해서 블로그에 올리고,
책을 써보세요.
동료에게도 내가 하고 있는 것을 나누고,
아이디어를 나누세요.
그러면 주변에 함께 할 사람들이 모입니다.
그게 살아갈 힘이 됩니다.

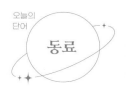

오늘의
단어

동료

내가 힘들 때나 외로울 때,
고개를 들어 주변을 둘러보면
언제나 그곳에 있는 사람.

27 August

기회의 제한은 아동학대가 아닙니다.

모든 아이는 교육의 기회를 가질 권리가 있습니다.

하지만 기회에 따른 규칙이나 책임을 존중하지 않을 경우,

기회를 제한해서 규칙과 책임을

지킬 수 있게 하는 것을 말하지요.

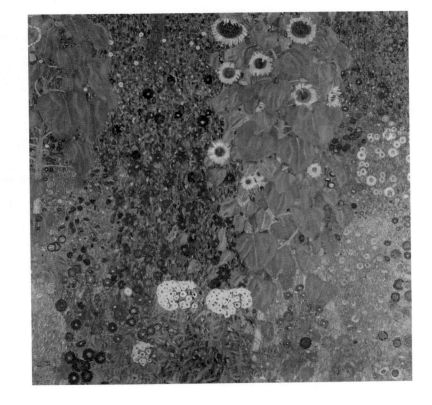

오늘의
단어

가능성

당신이라는 가능성.
당신이라는 무한한 기회.

5 May

아이들이 만약 어린이날 선물을 주지 않냐고 물어본다면,
이렇게 말해보세요.
"선생님에게는 매일 매일이 어린이날이었는데,
매일 눈빛으로 준 선물을 보냈는데, 못 받았니?"

클로드 모네|Claude Monet,
파라솔을 든 여인, 1875년

오늘의
단어

어린이날

쉬는 날.

논리적 결과 부여는 아동학대가 아닙니다.
아이의 성장에 도움이 되는 경험을 부여하기 위해
잘못된 행동과 관련이 있는 경험을 의도적으로 부여하여
행동을 개선하는 방식을 말하지요.

구스타프 클림트Gustav Klimt,
아터제 호수, 1900년

오늘의
단어

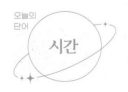
시간

이것은 흘러가고 다시 흘러온다.
이것은 언제나 지금밖에 없다.

 **May**

어떤 상황에서도 쓰기 딱 좋은 단어, "집중."

아이가 딴 생각을 할 때도 "집중." 딴짓을 할 때도 "집중."

비난 대신 집중하는 단어에 집중해보세요.

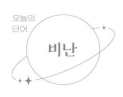

오늘의
단어

비난

상처가 되는 말들을 가슴에 품고 있으면
독이 된다.

호아킨 소로야Joaquin Sorolla,
발렌시아 바닷가, 1910년

정서적 아동학대는
가해자가 심리적 또는
정신적인 수단으로
한 명 이상의 사람에게
정신적인 폭력이나
가혹행위를 하는 것을 말합니다.

오늘의
단어

여름방학

태양과 휴식.

7 May

초등학교 교사 출신 나태주 시인은
평생을 좋아하는 시를 쓰고,
시를 아이들과 나누며,
마침내 사람들로부터 시로 사랑을 받고 있습니다.
일과 꿈이 함께하기 위해 내가 미치도록 좋아하고,
꾸준히 오래 할 수 있는 것을 찾아보세요.
아름다운 삶이 바로 당신 곁에 있어요.

오늘의
단어

아름답다

세상이 매일 아름다울 수는 없다.
이것을 인정하면
나머지 날들은 더욱 아름답다.

24 August

신체적 개입은 아동학대가 아닙니다.
흥분한 아이를 진정시키거나
다투고 있는 아이를 분리하기 위해,
위험하거나 해로운 물건을 가지고 있을 때
해결하기 위해
말리거나 손으로 끌기 등
상황에 따른 행동이 신체적 개입입니다.

오늘의
단어

분리수거

모든 감정을 다 따로 담아 버릴 수는 없는 것.
때로는 버릴 수 있을 때 버리는 것.

8 May

누군가 당신을 화나게 하는데
참고 참고 참는 것은 위험해요.
압력솥이 터져버리듯,
한번에 폭발할 수 있거든요.
그때그때 조금씩 김을 내보내세요.
그게 선생님 건강에 좋습니다.

오늘의
단어

표현

표현하지 않으면
아무도 모른다.
사랑도, 미움도.

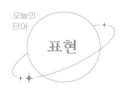

23 August

신체적 아동학대는
상대에게 고통을 주기 위해서
신체에 물리력을 주거나
기합을 주는 경우를 말합니다.

오늘의
단어

고통

사람을 상대하는 것조차 힘든
그런 날에는 잠시 생각과 일을 멈추는 게 좋다.

9 May

말썽꾸러기는 말썽꾸러기라서,
잘하는 아이는 잘해서 눈에 띕니다.
오늘은 눈에 띄지 않았던 아이들부터
발표를 먼저 시켜보는 것은 어때요?

오늘의
단어

말썽

가장 말썽 피우고 있는 감정,
꺼내지 않으면
더 큰 문제가 되는 것.

좋은 영향을 주는 사람이 정말 좋은 친구입니다.
아이들에게 선생님은 좋은 영향을 주고 있나요?
노력할 필요까지는 없어요.
왜냐하면 선생님은 이미 좋은 영향을 주고 있기 때문이에요.
모두 알고 있답니다.

오늘의
단어

소나기

잠시 피하면 사라지는 혼란스러운 감정들.

10 May

질서가 있는 수업을 원하면

선생님의 의도를 잘 파악하는 아이에게 먼저 발언권을 주세요.

자유로운 수업을 원하면

생각이 자유로운 아이에게 발언권을 먼저 주세요.

기억하세요.

교사의 선택에 따라 수업 분위기가 결정됩니다.

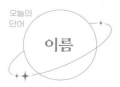

오늘의
단어

이름

그저 존재하는 것.

21 August

✦

잘못을 저지른 아이가 있나요? 이런 말을 해보세요.
"엉키고 복잡한 상황 속에 널 성장시키는 보물이 숨겨 있단다.
그러려면 네가 잘못했다는 것을 마음으로 받아들이고
용기 있게 해결책을 찾아야 한단다."

오늘의
단어

보물찾기

아직 인생 곳곳에 숨어 있어
찾지 못한 기쁨들.

 **11** May

당신도 유명한 스타가 되고 싶나요?
먼저 스스로에게 슈퍼스타가 되세요.
모든 일을 하기 전에
스스로에게 당당해야 하고,
스스로를 사랑해야 합니다.
그게 인생에서 가장 빛나는 별입니다.

오늘의
단어

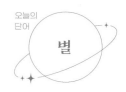

별

빛나지 않은 것들은 없다.

20 August

✦✦

우리가 가장 먼저 챙겨야 하는 것은
건강입니다.
건강하지 못하면,
지금까지 하던 모든 일이
한순간에 무너지고 말아요.
선생님, 아프지 마세요.

오늘의
단어

건강

내가 먼저 챙기지 않으면
안 되는 것.

스트레스가 심할 때는
우선 자신을 돌보세요.
당장 가장 좋아하는 사람을 만나고,
좋아하는 장소에 가세요.
나를 챙기고,
그다음이 아이들이고
그다음이 일입니다.

오늘의
단어

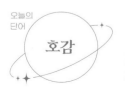

호감

내가 당신에게
도무지 감출 수 없는 감정.

친절하며 단호한 대화: 거친 언어.

스스로를 조절하기 힘들 정도의 상황이니?

여긴 공공장소이고,

스스로를 그리고 주변 사람을 존중하는 말과 행동을 해야 해.

그리고 네 마음이 곧 잔잔해지길 바랄게.

오늘의
단어

심한 말

내가 그렇게 들었다면,
심한 말.

13 May

기억하세요. 세상에서 가장 바꾸기 힘든 것이
다른 사람을 바꾸는 것입니다.
그 어려운 일을 지금 하고 있는 거랍니다.
선생님은 이미, 누군가의 히어로입니다.

오늘의
단어

사람

한 인간이 사람이 될 때까지는
일생이 필요하다.

✦

친절하며 단호한 대화: 일과 존중형.

(체육시간에 또 피구를 하고 싶다는 아이들에게

이렇게 말해봐요.)

"피구를 하고 싶구나.

임박해서 이야기하는 것은 곤란해.

학급회의 때 제안하는 것은 어떠니?"

오늘의
단어

설득

설득이
강요가 되는 일이 없도록
스스로를 설득하기.

14 May

가장 힘든 순간이
가장 많은 것을
배울 수 있는 순간입니다.

프란츠 레플러Franz Lefler,
성공적인 사냥꾼, 19세기

오늘의
단어

좌절

넘어지면 일어서면 된다는 사실을
배우는 순간.

17 August

(꽃을 꺾고 싶은 아이에게 이렇게 말해주세요.)

꽃을 꺾어 집에 가져가고 싶구나.

하지만 여기에 꽃을 그대로 두면 많은 사람들이 행복할 수 있단다.

그리고 내년에도 이 꽃을 여기서 볼 수 있단다.

오늘의
단어
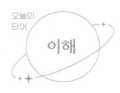
이해

이것을 하지 못하면,
우리는 서로를 영영 알 수가 없다.

15 May

"누가 뭐래도 선생님이 계시기 때문에
아이들이 바르게 크고
학교가 유지된다는 거 아시죠?"
선생님으로 계셔주셔서 고맙습니다.
많이 힘들지 않다면 부디
내년 스승의 날에도 계셔주세요.

오늘의
단어
스승

세 사람이 함께 길을 가면
거기에는 반드시
나의 스승이 있다.

16 August

따가운 햇살이 없다면
그늘도 없어요.
마음에 길게 그늘이 진 이유는
어디선가 빛나는 일이 있기 때문입니다.
그곳을 찾아보세요.

오늘의
단어

팬데믹

세상과 관계가 멈추는 시간 속
떠오르는 나.

16 May

날이 좋습니다.

교실 창문을 열면 신선한 바람이 들어옵니다.

좋아하는 꽃 한 송이 책상에 올려놓거나,

좋아하는 노래는 어떤가요?

사소한 일처럼 보이는 행동이

때로는 하루를, 일 년을, 일생을 바꾸기도 합니다.

오늘의
단어

바람

내 얼굴을 스쳐가는
기분 좋은 속삭임.

15 August

숱한 민원과 어려운 환경들은
선생님 잘못이 결코 아닙니다.
아이들의 다툼도
선생님 잘못이 아닙니다.
오히려 그 속에서 자리를 지켜주는
선생님에게 감사할 일입니다.

오늘의
단어

잘잘못

이유를 알고보면
따지기 쉬운 것.

17 May

철이 들고 철이 나는 것은 그 시기에 맞게 행동하는 것을 의미해요.
그러기 위해서는 주변을 살피고 계절의 변화를 인식할 줄 알아야 합니다.
그걸 인식하지 못하면 아직 철이 덜 든 것이지요.

오늘의
단어

5월

반짝반짝 빛나는.

14

'이렇게 노력한다고
학교가 정말 바뀔까?'라고 생각할 때도 있습니다.
하지만 각자 목소리를 조금씩 낸다면
분명 달라질 것이라고 믿습니다.
변화는 이미 시작되고 있습니다.

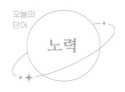

오늘의
단어

노력

한 사람이 행동하면 노력이지만,
여러 사람이 행동하면 거대한 힘.

18 May

오늘 아이들에게 물어보세요.

"어떤 소리가 들리니?"

"창밖에 무엇이 보이니?"

"지금 느낌은 어때?"

지금 여기에 살게 하는 질문입니다.

오늘의
단어

무엇

세상에서 가장 어려운 단어.

13 August

아이의 행동이 바뀌지 않는다고 상심하지 마세요.
변화는 안에서부터 시작됩니다.
씨앗이 흙 속에서 뿌리를 먼저 내리듯
아이 마음에도 그렇게 변화가 생기고 있을 거예요.

프랭크 웨스턴 벤슨Frank Weston Benson, 햇살, 1909년

오늘의
단어

장마

비와 함께 흘러가는
잡다한 생각들.

19 May

변화인식 게임.

"선생님 모습을 자세히 관찰하세요. (5초 후)

그럼 눈을 감아주세요.

(선생님은 소매를 걷거나 모습에 변화를 줍니다.)

자, 이제 눈을 떠주세요.

선생님의 변화된 점 3가지를 찾아볼까요?"

오늘의
단어

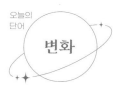

변화

내가 하기는 싫고
남이 했으면 하는 것.

프랭크 웨스턴 벤슨Frank Weston Benson,
자매, 1899년

인간관계에 지쳐버린 분에게…
괜찮지는 않겠지만
곧 괜찮을 거라 말해주고 싶습니다.
그 말 한마디,
서로가 서로에게 아끼지 말았으면 합니다.

오늘의
단어

그래도

그래도 힘내라는 말,
그래도 괜찮을 거라는 말,
그래도 내가 응원한다는 말.

20 May

Whole Brain 연습1 | 감사 두 줄 글쓰기

오늘 지훈이가 같이 놀아줘서(이성의 영역 좌뇌),

고마웠다(감성 영역 우뇌).

오늘의 단어
글쓰기

내 삶을 바꾸는
가장 쉬운 방법.

11 August

폴 고갱Paul GauguinPaul Gauguin,
듀란스 강변의 세탁부들, 1866년

오늘 혹시 일하다가 실수했나요?
학교에서 '실수'는
두 가지 좋은 점이 있습니다.
하나는 완벽하지 않기에
인간적인 매력이 있다는 것이고,
행정적인 일을 잘 맡기지 않기에
수업에 집중할 수 있다는 점입니다.

오늘의
단어

매력

모든 일을 잘하는 사람보다
허점이 보이는 사람이 더 친근할 때.

21 May

Whole Brain 연습2 | 감정과 해결
화가 났었구나?
친구에게 소리 지르는 방법 말고
더 좋은 방법이 있을까?

오늘의 단어

물음표

말 끝에 붙이면 소통이 되지만,
자주 그러면 잔소리가 되는 것.

10 August

시작하지 못하는 것을
게으름이라고 표현해서는 안 됩니다.
그것은 신중함입니다.
일을 해결하지 않는 것처럼
느껴지는 사람도
사실은 문제를 해결하고자
수없이 생각하고 있습니다.

오늘의
단어

게으름

아무것도 안 하는 게 아니라,
신중하게 생각하는 것.

프레드릭 칼 프리스케Frederick Carl Frieseke,
오후-노란방, 1910년

운동 경기가 잘 안 풀릴 때 감독은 작전타임을 부릅니다.

교실에서도 마찬가지입니다.

문제가 생겼을 때, 타임아웃을 요청하세요.

"지금 집중력이 흐려졌어요.

지금은 그림을 그리는 데 집중하는 시간입니다.

그림 이야기를 나누는 시간은 이후에 가집니다."

오늘의
단어

타임아웃

오직 나만을 위한
쉬는 시간.

펠릭스 발로통Félix Vallotton,
에트르타에서 수영하기, 1899년

급식을 누가 먼저 받는지가 중요하지는 않아요.
선생님이 먼저 받을 수도,
마지막에 받을 수도 있습니다.
하지만 급식을 먹을 때는 모두가 밥을 받은 후에,
"잘 먹겠습니다.", "맛있게 먹어."라고 말하고
함께 먹어보세요.
급식과 관련된 많은 문제가 사라집니다.

오늘의
단어

급식

굳이 밥하지 않아도,
굳이 차리지 않아도 배가 부른 것.

23 May

반복된 질문을 하는 아이가 있다면,

(포스트잇을 나눠주면서)

"여기에 질문을 적어주세요."라고
할 수 있습니다.

오늘의
단어

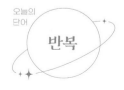

반복

때로는 힘들지만,
때로는 연습이 되고,
때로는 익숙함이 되는 것.

화나고 억울하고 막막하고
그런 마음이 쌓이고 쌓여
발걸음조차 무겁나요?
그럼에도 오늘,
교실에 있어주셔서 고맙습니다.

오늘의
단어

쌓이다

슬픔이 쌓여도 곧 기쁨이 쌓일 것이고
그 위에 우울이 쌓여도 곧 행복이 쌓인다.
그것은 곧 마음이다.

24 May

아이들에게 문제가 생겼을 때,
바로 해결하려고 하지 마세요.
"학급회의 안건으로 올려주세요."처럼
여유를 가지고 절차를 존중하는
연습을 시킬 수도 있습니다.

오늘의
단어

회의

들어가고 싶지 않은 것.

7 August

아무리 중요한 문제가 생기더라도,
선생님이 먼저입니다.
그다음이 아이들입니다.
선생님을 먼저 챙길 줄 알아야
아이들도 챙길 수 있습니다.
이 사실은 몇 번 강조해도
지나치지 않아요.
아셨죠?

오늘의
단어

챙기다

아플 때 나를 챙겨주는 사람,
우리는 그것을
사랑이라고 부르기로 했다.

25 May

프레드릭 칼 프리스케Frederick Carl Frieseke,
천막 아래, 1916년

오늘 하루 최악이었나요?

그 최악도 최선을 다한 선생님,

고생하셨어요. 푹 쉬세요.

오늘의
단어

최악

지금이 최악이라면,
앞으로 이보다 최악은 만나지 않는다.

6 August

인생에서 가장 어려운 결정 중 하나는
자기 자신을 사랑하기로 마음먹는 일입니다.
꼭 내가 뭘 잘해야 사랑받을 수 있다고 생각한다면,
이렇게 생각을 바꾸어 보세요.
"난 날 사랑해서 일도 잘 풀릴 거야."

오늘의
단어

사랑

당장 나부터 내 자신을 사랑하면
사랑은 찾아온다.

26 May

거절하는 것이 힘든가요?
거절은 상대에게 상처를 주는 것이 아니라
스스로를 존중하는 태도입니다.

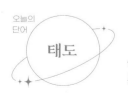

오늘의
단어

태도

상대를 존중하지 않으면
존중받을 자격이 없다.

파울 클레Paul Klee,
크리퍼 및 클라이머(덩굴식물), 1937년

화를 내서 문제를 해결하려는 아이가 있다면
이렇게 생각해보세요.
'용기나 대화의 기술이 없어 문제에 직면하지 못하고
그래서 그저 화를 내어 문제를 해결하는 아이.'
교사가 어떻게 생각하냐에 따라
교사의 결정은 완전히 달라집니다.

오늘의
단어

해결

아직 풀리지 않은 문제도,
그것으로 되었다고 생각하면 해결할 수 있다.

27 May

아이들이 자리를 옮길 때는 '조아신'을 신어봅시다.

"조용히, 아름답게, 신속하게" 실패했다면 비난 대신 다시 합니다.

연습이 필요합니다.

오늘의 단어

자리

머무는 자리가 아름다운 사람은
그 생각도 아름답다.

공부를 지루해 하고 힘들어 하는 아이들에게
긍정적인 의미를 부여해주세요.
"재밌는 놀이기구를 타려면
줄을 길게 서서 지루하게 오래 기다려야 하는 것처럼,
공부가 지금 지루하다면
그 지루함 끝에 엄청난 것이 기다린다는 뜻이야.
단 한 번도 경험해보지 못한…"

오늘의
단어

지루

자꾸 딴 생각을 하는 시간,
지금보다 과거와 미래를 생각하는 시간.

28 May

쉽게 변화하지 않는 그 아이와 씨름 중인가요?

화내고, 잔소리하고, 했던 말을 또 하고.

오늘도 그 고된 일을 묵묵히 하느라

애쓰고 계신 선생님, 고맙습니다.

오늘의
단어

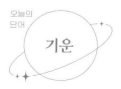

기운

당신은 내게 좋은 기운을 주는 사람.

에드바르 뭉크Edvard Munch,
태양, 1911년

어떤 경험도 그 자체로는 큰 의미가 없습니다.
중요한 것은 경험에
어떤 의미를 부여했는지에 달렸죠.
그런데 희한하죠.
어떤 의미를 주는지는 또 경험에 달렸습니다.
그러니까 우리는 차근차근 살아갈 필요가 있어요.
급하면 아무것도 겪지 못하고,
어떤 의미인지도 모르니까요.

오늘의
단어

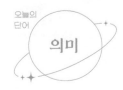

의미

짧은 말 한 마디도
때로는 커다란 의미.

29 May

4시 40분 퇴근 시간입니다.

이 시간만을 기다리지는 않았지만,

괜히 기분이 좋아지는 순간이 있죠.

퇴근 시간이 그렇고,

사랑하는 순간이 그렇고,

적당한 바람이 부는 날이 그렇습니다.

오늘의
단어

칼퇴

칼퇴가 아니라
정시 퇴근입니다.

2 August

파울 클레Paul Klee,
올드타운, 1928년

정말 말이 안 되는 말을 하는 아이가 있나요?

그러면 선생님도 말이 안 되는 말을 해보세요.

'뜨거운 아이스 아메리카노.'

아이들도 때로는 말 안 되는 말을 들어봐야 실수를 깨닫습니다.

오늘의
단어

반사

싫은 말, 상처되는 말을
그대로 돌려주고 싶을 때.

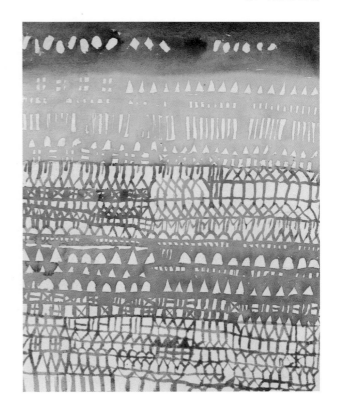

30 May

오늘은 나를 바라보며
에너지를 주는 아이에게 집중하며
기분 좋게 하루를 시작해볼까요?
때로는 사는 일도 마찬가지예요.
나에게 좋은 에너지를 주는 사람에게
더러는 집중하며 지내도 괜찮아요.

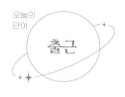

오늘의
단어
출근

퇴근을 생각하면
오히려 힘이 나는 것.

1 August

말보다는 보여주는 것이,
보여주는 것보다는 해보게 하는 것이 효과적입니다.
경험만큼 많이 배우는 건 정말 없지요.
우리가 아이보다 나은 것은 그거 하나잖아요.
경험이 많다는 사실.
교사의 말을 줄이고 아이들이 직접 해보게 하는 것은 어떨까요?
“Learning by Doing, Doing by Learning.”

오늘의 단어

없다

이 단어 조차도 '있다.'

파울 클레Paul Klee,
숲 밖을 바라보는 늦은 저녁, 1937년

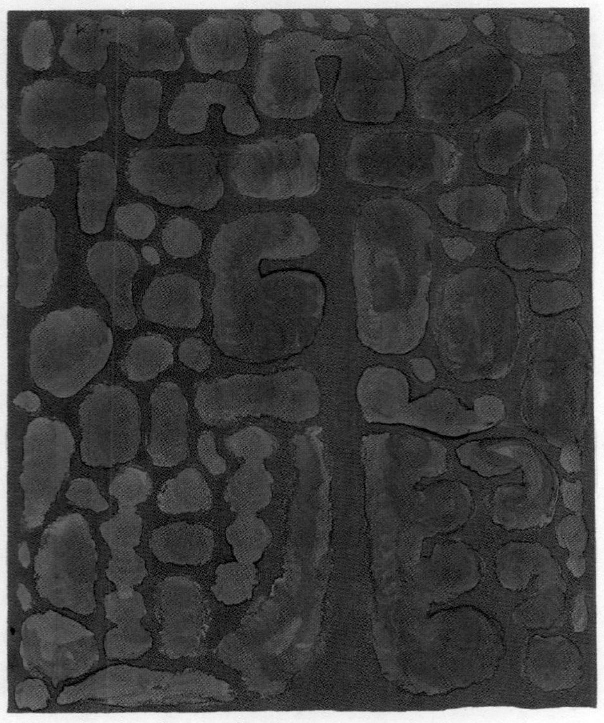

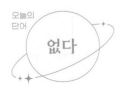

31 May

✦

철이 없는 아이들과 한 달 고생하셨어요.
자연은 철을 꼭 지킨답니다.
한 철이 지나면,
아이들도 서서히 철이 들겠지요.

오늘의
단어

철

철이 단련되듯, 계절도 단련이 되고,
세상을 살아가는 감정도 단련이 된다.

8 AUGUST

선생님이어서 좋은 점이 있다면,
어른이 되어도
여름방학이라는 말 때문에
가슴이 두근거릴 수 있다는 것이 아닐까요?

✤ 페이르 몽테진Pierre Montezin, 모레쉬르루앙 강변, 1910년

6 JUNE

한 해의 절반을 오느라 고생했다고,
아무 데나 앉아 쉬어도 좋은 날씨가 펼쳐집니다.
나머지 절반을 위해 쉬었다 가세요.

✿ 올가 비징거-플로리안Olga Wisinger-Florian, 창가의 양귀비

인생은 ＿＿＿＿＿＿＿이다.

빈칸에 선생님의 생각을 적어보세요.

아들러는 삶은 원래 힘들고

어려운 것이라고 했습니다.

우린 모두 교사도,

부모도 처음입니다.

오늘의
단어

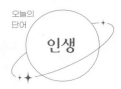
인생

인생은 사람의 이야기다.

June

존 윌리엄 고드워드John William Godward,
여름의 절정, 1914년

"가장 걱정되는 것이 무엇이니?"

"친구들이 뒷담화할 것이 걱정이에요."

"혹시 누군가를 뒷담화한 적 있니?

네가 할 수 있는 첫걸음은

누군가를 뒷담화하지 않기로

결심하는 거란다."

오늘의
단어

결심

행동하지 않으면,
이 단어를 쓸 수가 없다.

30 July

혹시 오늘 무슨 실수를 했나요?
괜찮습니다.
가끔은 실수가 상황을 즐겁게 하고
부드러운 관계를 만듭니다.

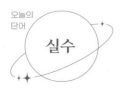

오늘의
단어

실수

길고 긴 인생에서 가장 큰 실수는
제때 사랑하지 않는 것.

2 June

학부모에게 전화가 오면 긴장됩니다.

긴장된다면, 약속 시간을 정하고 준비되었을 때

선생님이 전화하세요.

미리 공책에 학부모에게 드릴 질문을 준비하고요.

친절한 질문으로 시작해서 단호한 질문으로 마무리합니다.

오늘의
단어

준비

이것을 하지 않으면, 불안하다.
이것을 해두면 불안은 만족이 된다.

29 July

나를 있는 그대로 받아들이는 용기,

안 좋은 생각을 흘러보내는 용기,

새로운 선택을 하는 용기,

실패를 두려워하지 않는 용기

우리는 이것을 내면의 힘이라 부릅니다.

오늘의
단어

중요한 것

중요한 것은
꺾이지 않는 마음.

3 June

학부모에게 할 친절한 질문들.
어떤 일이 있었나요?
중요한 문제가 무엇일까요?
걱정되는 점은요?

오늘의
단어

학부모

함께 가야 하지만,
적절한 경계가 필요하다.

28 July

괜찮아질 거예요. 이 또한 지나갑니다.
힘들겠지만 그렇게 믿어봐요.
지금 당장 괜찮아지지 않는다면,
그 상황이 주는 의미가 무엇인지
가만히 생각해봐요.

오늘의
단어

흘러가다

존재하는 모든 감정들은
어차피 흘러간다.
기쁨도, 슬픔도, 사랑도, 좌절도
흘러간다.

4 June

닐스 크루거Nils Edvard Kreuger, 휴식, 1905년

학부모에게 할 단호한 질문들.

이번 일로 아이가 무엇을 배웠으면 하나요?

아이에게 어떤 사회적 기술이 필요할까요?

이 문제의 해결책은 무엇일까요?

아이가 사용한 해결책은 효과적이었나요?

오늘의
단어

단호함

화를 내는 게 아니라
원칙을 지키는 것.

27 July

선생님,
가장 행복했던 때가 언제였나요?
아이들에게
가장 행복했던 때는 언제일까요?
그 순간이 지금이 될 수 있도록
우리 조금만 힘내요.

오늘의
단어

오늘

어제까지만 해도
내일이었던 것.

마음이 허락한다면,
아이들에게 먼저 마음을 연결하세요.
그러면 옳은 것이 무엇인지
알려줄 수 있습니다.

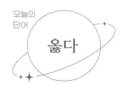

오늘의
단어

옳다

당신은 틀리지 않는다.

26 July

하루에도 몇 번씩 포기하고 싶나요?

교실을 떠나고 싶나요? 괜찮아요.

부정적인 생각이 들 때, 이렇게 생각해보세요.

어제는 지나간 날이고, 오늘은 새로운 선물이고,

내일은 어떤 일이 펼쳐질지 아무도 모른다고 말이죠.

어쩌면 지금 하고 있는 고민들은 별로 중요하지 않을 수 있어요.

오늘의
단어

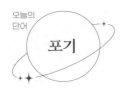

포기

쉽게 생각하지만,
어렵게 결정하는 것.

6 June

'하지 마.'라고 말하면, 행동을 멈추게는 합니다.
하지만 어떤 행동을 해야 하는지는 배우지는 못합니다.
긍정적으로 짧은 지시를 하는 게 효과적입니다.

오늘의
단어

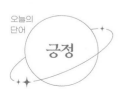 긍정

매일, 환하게 웃을 수 있는
가장 기본적인 나의 무기.

로렌스 알마 타데마Lawrence Alma-Tadema,
사랑의 보석으로 된 족쇄

25 July

세상에서 가장 중요한 관계는 타인과의 관계가 아닙니다.

자신과의 관계보다 중요한 관계는 없습니다.

마찬가지로 타인과의 대화가 아닌

자신과의 대화가 더 중요합니다. 스스로에게 말해주세요.

"증명하려 하지 마, 넌 충분히 괜찮은 사람이니까."

찰스 커트니 커란Charles Courtney Curran,
접시꽃과 햇빛, 1902년

오늘의 단어

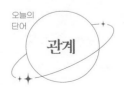

관계

가장 다루기 힘든 사람은 나 자신이다.
그 어려운 관계를 풀어주는 첫걸음은 용서다.

7 June

선생님,
자신이 부족하다고 생각하나요?
절대로 아닙니다.
선생님에게는
세상을 바꿀 힘이 있어요.
교육은 언제 어디서나
세상을 바꿔왔습니다.

로렌스 알마 타데마Lawrence Alma-Tadema,
더 묻지 마세요, 1906년

오늘의
단어
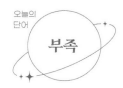
부족

컵에 담긴 물이 부족하다면,
작은 컵에 옮겨 담으면 충분하게 된다.

24 July

선생님과 아이들은
교실이라는 한 공간에 있습니다.
그곳에서 선생님과 아이들은
서로 닿아 있고, 연결이 됩니다.
신기하게도 사람은
연결되었다고 생각하면
편안함을 느끼고,
그때 더 잘 배울 수 있어요.

오늘의
단어
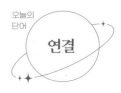
연결

80억 지구인 중에
당신과 내가 연결이 되었다는 것은 운명이다.

8

June

완벽하기 위해 매일
불완전하다고 생각하는 선생님,
그냥 불완전하다는 것을 인정하세요.
그럼 불완전해도 괜찮다는
용기가 생길 거예요.

오늘의
단어

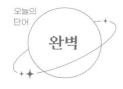

완벽

간절히 원하지만 허물면
또 인간적인 매력을 가지게 된다.

23 July

화를 안 내는 것은 불가능합니다.
힘들거나 잘 안되거나 옳지 않거나,
스스로 부족하다고 생각해서
화가 날 수 있죠. 그럴 수 있어요.
꼭 이래야 한다는(should) 생각을 내려놓으세요.

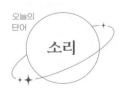

오늘의
단어

소리

세상에 존재하는
모든 생명과 사물은 소리가 다르다.
소리가 다르기 때문에
우리는 잘 들어야 한다.

9 June

평소 불편하게 느껴진 아이와
대화를 나누어야 한다면,
자주 여러 번 친구들 앞에서 이야기하기보다,
한 번 집중해서 따로 불러 이야기해보세요.

메리 카사트Mary Cassatt,
마로니에 나무 아래서, 1898년

오늘의
단어
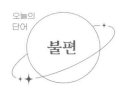
불편

참는 게 아니다.

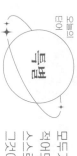

22 July

✦

오늘 하루가 특별한 하루가 되었으면 하나요?
삶에서 특별한 무언가를 만들고 싶나요?
어렵게 생각하지 마세요.
자기 자신이 특별하다고 믿으면 됩니다.
그게 정답이에요.

찰스 커트니 카란Charles Courtney Curran,
산 위의 핑크 구름, 1925년

오늘의
단어

특별

모두가 특별할 수는 없지만,
적어도 스스로 특별하다고 생각하면
스스로가 특별해진다.
그것이 자신감의 마법이다.

10 June

아이를 훈육하는 것이 아동학대가 아니라,
잘못된 행동을 방치하는 것이 아동학대입니다.
오늘도 아이들을 가르치는 선생님을 응원합니다.

오늘의
단어

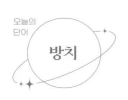

방치

늘 관찰하고 수리하지 않으면,
튼튼한 삶도 무너져 내린다.

21 July

교육의 비법을 찾고 있나요?
선생님,
자기 자신이 바로 비법입니다.
스스로를 믿고 자신 있게 행동하세요.
그것만으로도 충분합니다.

찰스 커트니 커란Charles Courtney Curran,
그림자, 1887년

오늘의
단어

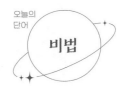

비법

자신감은 인생의 가장 큰 나만의 비책이다.

11 June

교실의 모든 문제를 선생님 혼자서 해결하려 하고 있나요?

모든 것을 혼자 해결할 수 있다는 생각을 내려놓으세요.

우리가 항상 아이들에게 가르치잖아요.

인간은 사회적 동물이라고,

함께 살아가고 있다고.

오늘의
단어

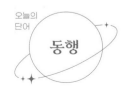

동행

함께 가는 길, 함께 풀어가는 숙제들.

그 꽃이 아름다운 이유는 함께 보기 때문이다.

20 July

두려워하는 것이 무엇인지 떠올리세요.
그리고 최악의 상황이 무엇인지 떠올리세요.
그럼 그 상황에서 어떻게 대처할지 상상해보세요.
이렇게 두려움을 알고 떠올리는 것만으로
두려움은 줄어들 거예요.

오늘의
단어

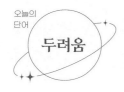

두려움

내 한계를 인정하면 두려울 게 없다.
아예 그 일을 하지 않으면 되니까.

12 June

알아요, 선생님.

교실에서 일어나는 대부분은 눈에 띄지 않은 일들입니다.

그럼에도 교육과 아이들 고민에

진심을 담는 선생님,

고맙습니다.

오늘의
단어

눈

당신의 얼굴에서
가장 내 마음을 뛰게 하는 것.

19 July

때론 좋지 않은 선택을 했나요?

선생님이 나쁘거나 부족해서 그러는 게 아닙니다.

지금 힘든 상황에 처했거나,

경험하지 않은 일을 겪고 있는 것일 수 있어요.

그러나 변함없는 게 있다면,

선생님이 참 좋은 사람이라는 사실입니다.

오늘의
단어

좋은 사람

생각만 해도 웃음이 나는 그런 사람,
지금 전화를 걸고 싶은 그런 사람이 된다는 것.

13 June

자녀 한두 명을 키우는 것도
대단히 힘든 일입니다.
그런데 선생님은 이삼십 명을
챙기고 먹이고 교육합니다.
선생님은 영웅입니다.

오늘의
단어
책상

나의 일터이자
때로는 나의 휴식.

18 July

주세페 아르침볼도Giuseppe Arcimboldo,
여름, 1580~1600년경

<어린 왕자>에서 이런 말이 나오죠.

'별들이 빛나는 이유는

사람들이 자기 별을 찾을 수 있게 하기 위해서인 것 같아.'

선생님 모습을 보며,

길을 찾고 좋은 영향을 받고 있는 아이들이 있답니다.

그 아이들에게는 선생님이 별입니다.

오늘의
단어

빛

어두운 쪽으로 가는 사람은 없다.
빛은 방향이고 방향은 곧 인생이다.

14 June

생각이 바뀌면 표정이 바뀌고
표정이 바뀌면 행운이 찾아옵니다.

오늘의
단어

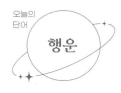

행운

우연히 오는 게 아니라,
내가 불러오는 것.
준비된 사람에게 찾아오는 것.

17 July

행동에는 의미가 있습니다.
아이의 어긋난 행동은 낙담한 마음을 의미하고
성가시고 짜증 나게 하는 행동은 관심을 끌기 위함입니다.
선생님을 화나게 하고 도전하는 듯한 느낌의 행동이라면
이는 아이가 힘과 결정권을 원한다는 의미입니다.

오늘의
단어

결정권

자주 잊고 살지만,
삶에서 중요한, 오롯이 나만 가질 수 있는 권력.

존 윌리엄 워터하우스John William Waterhouse,
장미의 영혼, 1908년

15 June

혹시 지금 불필요한 일을 하고 있나요?
부당한 대우를 받고 있나요?
그래서 화가 나고 불만이 가득한가요?
목소리를 내야 할 때입니다.
다만 정중한 태도로 말이죠.
목소리를 내지 않으면
변화되는 건 없습니다.

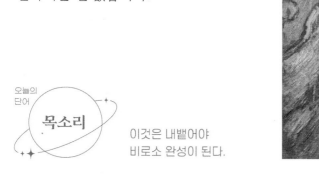

오늘의
단어

목소리

이것은 내뱉어야
비로소 완성이 된다.

16 July

정말 중요한 것은 눈에 보이지 않아요.
삶에서 가장 중요한 것은
마음으로 봐야 제대로 볼 수 있습니다.
눈에 보이는 그대로 이해하지 마세요.
이해하는 마음의 눈으로 보세요

오늘의
단어

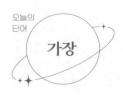

가장

가장 아낀다, 가장 사랑한다…
가장은 때로 과장되기 마련이다.

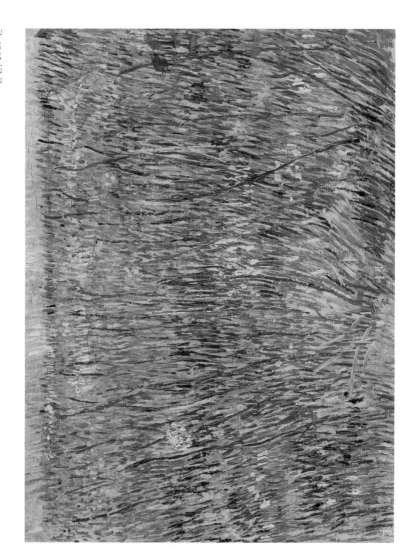

빈센트 반 고흐Vincent van Gogh,
풀밭, 1987년

16 June

✦

당신의 얼굴이
굳어 있나요?

오늘은
유머로 하루를 시작하는 것은
어떨까요?

유쾌하게 시작한다고
큰일 나지 않습니다.

오늘의
단어

유쾌

때로는
산책을 하는 것만으로도
기쁘고 웃음이 난다.

15 July

존 앳킨슨 그림쇼John Atkinson Grimshaw,
모래, 바다 그리고 하늘, 여름의 환상, 1892년

잘못된 행동에 대해서는
"안 돼!"라고 말해주세요.
잘못된 행동을 방치하면,
그 행동은 <어린 왕자> 속 바오밥나무처럼
행성을 덮을 거예요.

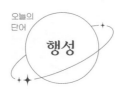

오늘의
단어
행성

사람은 저마다의 행성에서 살고 있다.
사람이 만나는 일은 행성과 행성이 만나는 일이다.

17 June

오늘 하루는 생각이 아닌
마음이 이끄는 대로 지내봐요.
쉬는 시간, 선생님이 좋아하는 노래를 틀고
좋아하는 책을 읽어보세요.
마음이 이끄는 곳으로 가면
마음이 좋아질 거예요.

오늘의
단어

음악

당신을 떠올리는 것만으로도
귀에 맴도는 아름다운 선율.

빈센트 반 고흐Vincent van Gogh,
협죽도, 1888년

14 July

누군가를 격려해준 적이 있나요?

아니면 격려를 받고 싶나요?

격려를 받고자 하는 사람은

용기가 필요한 상황입니다.

격려하고 싶은 사람은

용기를 주고 싶어서 하는 행동입니다.

힘든 순간에 가장 필요한 게

용기입니다.

오늘의
단어

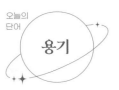

용기

가끔 삶이 깊은 심연에 빠져 몸과 마음이 허우적거릴 때,
수면으로 비치는 한 줄기 햇살.

18 June

아이들에게 불편한 말을 하고
불편한 마음이 찾아오나요?
하지만 그 말을 하지 않고 참았다면
더욱 불편했을 거예요.

오늘의
단어

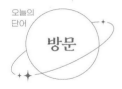

방문

예고 없이
찾아오는 감정들에
익숙해질 때까지
일생이 필요하다.

13 July

칭찬은 받으면 좋지만 경계해야 합니다.
남에게 칭찬을 받으려는 생각 속에는
남에게 의지하는 마음이 있고,
의도적으로 칭찬하는 것에는
남을 조정하려는 의도가 있으니까요.

오늘의
단어
칭찬
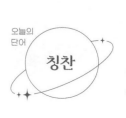

덧없는 칭찬에
속지 않기.

19 June

선생님이 지금 아이들의 잘못된 행동에 대해
잔소리하지 않으면 아이들은 다른 곳에서
더 큰 불편을 주고, 환영받지 못할 거예요.
선생님의 잔소리로 아이가 성장하고 있어요.

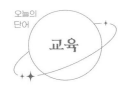

오늘의
단어

교육

지식이 전부가 아니라서
더 힘든 것.

12 July

하루를 웃는 얼굴로 시작해보세요.

웃음이 나오지 않는다고요?

그러면 고개를 들어 활짝 웃는 아이들을 바라보세요.

그것만으로도 힘이 납니다.

인간은 때론 작고 사소한 것에서 힘을 얻지만,

웃음은 작고 사소하지 않아요.

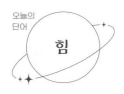

오늘의
단어

힘

얼굴만 보면 기운이 나는 사람이 있다.
그 사람을 사랑이라 부른다.

20 June

교육이 늘 아름답지만은 않습니다.

폭풍이 지나가고 찾아오는 아름다운 하늘을 기억하세요.

오늘의
단어
하늘

올려다보지 않으면 볼 수 없는 것.

여유가 없다면 잊고 사는 것.

11 July

조셉 루벤스 파웰Joseph Rubens Powell,
여름

선생님,

오늘 창밖 날씨는 어떤가요?

선생님 마음의 날씨는 어떤가요?

여유가 된다면

아이들에게도 물어봐주세요.

"여러분의 날씨는

햇볕, 비, 눈 중에서

무엇인가요?"

오늘의
단어

여름

뜨거운 햇살과 뜨거운 바람 사이에 움직이는 마음들.

21 June

불편한 순간이 아이들을 성장시킵니다.

알에서 스스로 깨고 나와야 합니다.

힘겹게 알을 깨는 모습이 안쓰러워 어른이 알을 깨주면,

알에서 나온 새끼는 스스로 살아가지 못합니다.

오늘의
단어

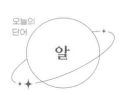

알

지금도 깨고 있는 것.

10 July

학생들이 스스로를 칭찬하게 만드는
질문이 있어요.
"어제 선생님이 여러분을 보면서
참 기분 좋은 순간이 있었는데
언제, 어떤 모습을 보면서
기분이 좋았을까요?"
아이들은 저마다 손을 들고,
자기 자신에게 이런저런 칭찬을 합니다.
긍정의 기운이 교실에 가득 찹니다.

오늘의
단어

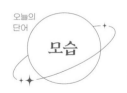

모습

꾸미려고 하지 않아도, 때로는 투박해도 그것 그대로 의미가 있다.

알폰스 무하Alfons Mucha,
아이비, 1901년

어부가 열심히 일을 하면
물고기 입장에서는 어부가 죽일 놈입니다.
열심히 일한다고 해서
모두에게 좋은 일이 될 수는 없어요.
때로는 열심히 사는 것보다
더 중요한 가치가 있습니다.

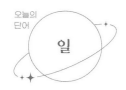

오늘의
단어

일

굳이 사랑하지 않아도 된다.
사랑해야 할 것들이 너무도 많다.

9

July

조르주 쇠라Georges Seurat,
강둑에 옷이 있는 세느강, 1883~1884년

내가 잘 하고 있는지 의심이 든다면,

남들과 비교하지 마세요.

내가 받은 월급만큼 하고 있는지

생각해보세요.

수업, 담임, 생활지도, 상담, 업무, 진로지도…

아마 월급 이상하고 있을 거예요…

토닥토닥…

오늘의
단어

소중

세상 무엇보다 아끼는 존재.

23 June

앙리 루소Henri Rousseau,
원숭이가 있는 열대 우림, 1910년

✦

'나 대화법'도 있고, '비폭력 대화'도 있고
세상에 많은 좋은 대화법이 있습니다.
그럼에도 가장 좋은 대화는
서로 어색하지 않게 하는
자연스러운 대화입니다.
선생님의 색깔로 이야기를 나누세요.

오늘의
단어

거절

나를 존중하는 것을
상대에게 정중하게 표현하는 것.

8 July

아이들은 '자유'를
이해하지 못할 수도 있어요.
아이들에게 자유는
꽃을 마음대로 꺾는 행동이 아닌,
자유롭게 꽃을 심는
행동이라는 것을 알려주세요.

오늘의
단어
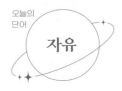
자유

시간이 지나면 지날수록
제약이 많은 것.

앙리 루소Henri Rousseau,
꿈, 1910년

세상을 변화시킨 것 중 하나는
분노입니다.
그러니
화가 나거나 화를 낸 자신을
자책하지 마세요.
어쩌면 그 화는
변화를 만드는 에너지일 수도
있으니까요.

오늘의
단어

분노

세상을 바꾸는 단어.
이것을 하지 않으면
바뀌는 건 나뿐이다.

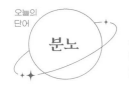

7 July

훈육을 하기 가장 좋을 때는
아이들의 기분이 좋을 때입니다.
아이들이 기분 좋을 때,
오늘 있었던 좋지 않은 행동에 대해 말해보세요.

오늘의
단어

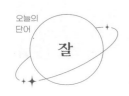

잘

모든 일을 잘할 수는 없다. 매일 잘살 수는 없다.
그러나 모든 감정을 겪고서도 밤에 잠은 잘 자야 한다.

25 June

오늘을 행복하게 보내고 싶나요?
옆 반 선생님께
음료수 하나 건네세요.
행복을 기다리지 말고
행복에 다가가세요.

오늘의
단어

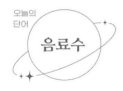

음료수

비싸지 않은 가격으로
행복을 나누는 수단.

July

한자리에 서서 수업하지 마세요.

조는 아이, 떠드는 아이,

수업에 열심히 참여하는 아이

그 곁으로

슬며서 걸어가보세요.

자코버스 반 루이Jacobus van Looy,
7월, 1890~1910년경

오늘의 단어

슬며시

이 단어만큼
오랫동안 기분 좋게 만드는 말은 없다.

26 June

What 만큼 중요한 것은 When입니다.

지금 선생님께서 대화할 준비가 되지 않았는데

대화를 시도한다면,

다음과 같이 말하세요.

"어떤 이야기를 하는 것도 중요한데,

언제 이야기하는지도 중요합니다.

지금은 그 이야기를 하는 적절한 때가 아닙니다."

오늘의
단어

언제

고백에도 타이밍이 필요하듯,
이별에도 타이밍이 필요하듯.

5 July

유제프 메호페르Józef Mehofer,
빨간 우산, 1917년

수업 중에 떠드는 아이가 있나요?
멀리서 소리 지르지 마세요.
선생님의 소중한 목만 아픕니다.
때로는 자연스럽게 그 아이에게 다가가
낮은 목소리로 "집중"이라고 말해주세요.

오늘의
단어

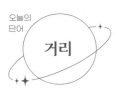

거리

이곳과 저곳 사이. 사람과 사람 사이.
그 적당한 간격을 거리라고 부른다.

27 June

비난과 교육의 차이는
행동에 초점을 두는지,
존재에 초점을 두는지에 있습니다.
'그건 나쁜 행동이야.'는
잘못된 행동에 초점을 두고 알려주는 교육입니다.
'넌 나쁜 아이야.'는
존재에 초점을 둔 비난입니다.

오늘의
단어

초점

가만 집중해서 살펴보지 않으면
사물은 스쳐지나간다.
생각도 그렇다.

4   July

이제 곧 달콤한 여름방학입니다.
일 년 중에 거의 절반 이상이 지났어요.
저만치 달콤한 휴가가 기다리고 있습니다.

오늘의
단어
여름방학

어른이 되었지만 말만 들어도
가슴이 떨리는 아름다운 단어.

에두아르 마네Édouard Manet,
해변에서, 1868년

"참 행복했다, 잘했어."라고 말할 수 있는
오늘이었으면 좋겠습니다.

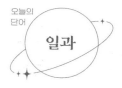

오늘의
단어

일과

아침과 저녁 사이에
일어나는 시간들.
그 시간에 대해 말할 때
미소 짓기.

3 July

부정적인 생각과
우울한 마음에서
나오는 방법은
길을 찾는 방법과 같아요.
어쨌든
움직여야 합니다.
멈춰 있으면 답이 없어요.

오늘의
단어

지름길

지름길도 길이다.
힘들게 돌아갈
필요가 없다.
지름길도 괜찮다.

피에르 오귀스트 르느아르Pierre-Auguste Renoir,
물랭 드 라 갈레트의 무도회, 1876년

29 June

선생님에게 학생은 많은 학생들 중 하나지만,
학생들에게 선생님은 하나뿐입니다.

오늘의
단어

상대성

내가 당신과 다르듯이, 당신과 나와는 다르다.
틀린 게 아니라 다름을 인정할 때.

자전거에서 넘어지지 않으려면
페달을 굴려야죠.
마음속이 복잡하고,
불편한 감정으로 가득한가요?
그래도 넘어지지 않으려면
한 발, 한 발 내디뎌 앞으로 가야죠.

오늘의
단어

자전거

처음 배울 때 배운 감정은
평생 잊히지 않는다.
내가 당신을 처음 만날 때 느낀 감정처럼.

30 June

선생님의 마음 날씨는 어떤가요?
비가 와도, 먹구름이 끼어도
또 맑은 날이 옵니다.
늘 그래왔잖아요.

오늘의
단어
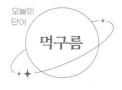
먹구름

세상이
아무리 어두워봤자,
먹구름 위에는
해가 뜨고 있다.

1 July

마음속에 자리잡은 것들은
그 누구라도 빼앗아가지 못합니다.
그러니 좋은 것들만
마음에 품고 살아요, 부디.

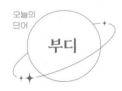

오늘의
단어

부디

간절함.

반환점이 있다는 것은

출발점으로 다시 돌아가야 한다는 뜻입니다.

이제는 앞만 보고 가느라, 뒤에 남겨두었던 풍경들과 마주칠 시간입니다.

반환점은 그렇게 우리에게 다시 기회를 줍니다.

일 년의 절반, 고생하셨습니다.

7 JULY

1학기가 끝나가고 있습니다.
긴 말이 필요할까요?
여름방학이 다가오고 있습니다.

✦ 클로드 모네Claude Monet, 보르디게라, 1884년

삶의 한 단면만 보는 일만큼
아쉬운 일이 없어요.
이제 다른 면을 볼 시간이 왔어요.
사람도 그래요.
앞모습만 보면 그 사람을 제대로 알 수가 없어요.
가만히 그 사람 뒷모습을 지켜보는 일,
기뻐 들뜬 어깨도 보고,
축 늘어진 등도 볼 수 있겠지요.
이제 일력을 뒤집을 시간입니다.
그 자리에 기쁜 날이 오면
참 좋겠습니다.

값 25,000원
ISBN 979-11-93153-14-7 00370